简读《资本论》

余斌 —— 著

人民东方出版传媒
People's Oriental Publishing & Media

东方出版社
The Oriental Press

前 言
PREFACE

  东方出版社的袁园同志希望我在再版合同到期后能重新修订《45 个十分钟读懂〈资本论〉》，因为书中有些内容是针对当时爆发不久的美国金融危机的形势写的，已经过时了。但是，这种过时其实也表明，该书已经是一部历史文献。所以，我在该书再版时没有做什么修订，再版到期也不打算改变初衷进行修订。但是，也的确有必要提供一本与时俱进的，或者说时代特征不会过于明显、无须频繁修订的《资本论》科普读物或简约读物，于是有了本书。

  作为马克思主义理论研究者，我有个想法，就是像古人批注经书那样，对马克思主义经典著作进行批注。但是，一方面，这样会使大部头的马克思主义经典著作的篇幅更大，除了极少数专业研究人员，绝大多数人都不会去看，失去了传播马克思主义的意义。另一方面，古人批注存在"我注六经"还是"六经注我"的问题。前者是表达经书原文的思想，突出读原著、学原文；后者是借经书表达自己的思想，突出悟原理。这两者的差别表现在批注内容上，但批注的形式可以是一样的，也就是一段原文跟着一段批注，形成批注版的著作。

有鉴于此，既然我们要写一本马克思主义经典著作的科普读物或简约读物，就必然要对原文进行取舍，还要按当代人的现实问题和本国人的语言表达习惯进行改写，从而只能采用"悟原理"的"六经注我"的形式。不过，在本书中为了表现出所悟原理没有背离原著、原文，我们以脚注的形式在正文的一侧列出相关的原著、原文，这样本书就能以"六经注我"的方式实现"我注六经"。由于这种特殊的写作形式，非专业的读者可以只看正文而不理会各讲的脚注，专业的读者也可以随时对照原文，从而在同一本书里做到既通俗又不失专业。

本书既简约也全面，也就是要把《资本论》三卷的主要内容都概括进来，同时还要形成较紧密的内在的逻辑联系，力争使读者能够通过较短的篇幅就对《资本论》的主要内容读懂悟透。为此，本书也不得不删掉《资本论》中许多有意义的内容，读者可以比照着阅读《〈资本论〉引读》（人民出版社 2020 年版）或《资本论》原著得到补偿。

本书所引用的原著、原文取自人民出版社出版的《马克思恩格斯全集》中文第二版的第 44 卷（2001 年）、第 45 卷（2003 年）、第 46 卷（2003 年），它们分别对应《资本论》第 1、2、3 卷。为简便计，我们在书中引用文字处只写第几卷第几页，如第 44 卷第 10 页。

这样一来，由本人所著并方便使用的关于《资本论》的著作仍然是三部：供研究生学习的《〈资本论〉正义——怎样理解资本主义》（广西人民出版社 2014 年版）、供本科生学习的《〈资本论〉引读》和供非专业人士阅读的本书。

尽管如此，《45 个十分钟读懂〈资本论〉》仍然会保有它的阅读价值。这是因为，一方面，唯有了解历史才能理解当下；另一方面，在那本书里还有不少上述三部著作中没有的但也很有学术价值和现实意义甚至未来意义的内容。

感谢您的阅读。

余　斌

2023 年 6 月于北京

目　录
CONTENTS

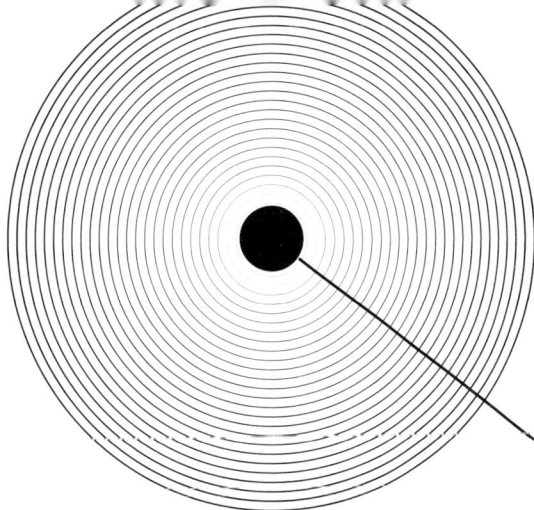

第 1 讲

《资本论》简介

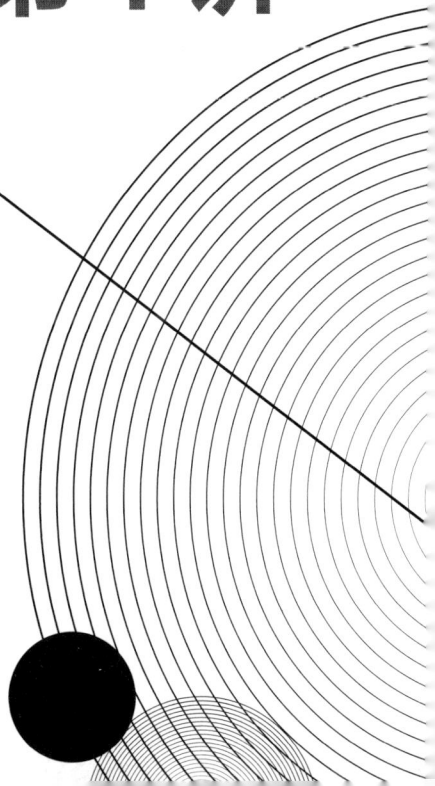

① 我要在本书研究的，是资本主义生产方式以及和它相适应的生产关系和交换关系。（第44卷第8页）

② 本书的最终目的就是揭示现代社会的经济运动规律。（第44卷第10页）

③ 不论我的著作有什么缺点，它们却有一个长处，即它们是一个艺术的整体。（《马克思恩格斯文集》第10卷，人民出版社2009年版，第231页）

④ 第一卷已经是一个完整的部分。（《马克思恩格斯全集》第32卷，人民出版社1974年版，第551页）

《资本论》是一部研究资本主义市场经济的著作①，它的出版标志着经济科学的形成②。

由于多方面因素的限制，在马克思生前，《资本论》只出版了第一卷。在马克思逝世后，恩格斯根据马克思的遗稿，整理出版了《资本论》的第二卷和第三卷。马克思指出，《资本论》这三卷是一个艺术的整体③，而第一卷具有相对独立的价值④。

恩格斯对《资本论》的主要内容作过说明。他指出，《资本论》第一卷表明，资本家怎样从工人那里榨取剩余价值；第二卷表明，这个最初包含在商品里的剩余价值怎样实现为货币；第三卷所阐述的则是这个剩余价值如何在第一个占有它的工业资本家与其他人，如商业资本家、债权人、地主等之间进行分配。换句话说，在恩格斯看来，《资本论》三卷分别讲述的是剩余价值的生产、流通和分配，也就是剩余价值的整个生涯。⑤ 因此，粗略地说，《资本论》就是讲钱是怎么来的，又是怎么去的。

在马克思之前，资产阶级古典经济学家已经知道剩余价值是由资本家无偿占有的工人的劳动产品构成的。⑥ 一些社会主义者指责这种分配不公平，秉着公平正义的原则，设计一些空想性质的手段来消除

⑤ 第一册表明，资本家怎样从工人那里榨取剩余价值，第二册则表明，这个最初包含在产品里的剩余价值怎样实现为货币。可见前两册所谈到的剩余价值，只是它在第一个占有者即工业资本家手里的情形。然而剩余价值只有一部分留在这第一个占有者的手里；随后它就以商业利润、企业主收入、利息、地租的形式在各个得益者中间进行分配；第三册所阐述的就是剩余价值的分配规律。而讲完了剩余价值的生产、流通和分配，也就结束了剩余价值的整个生涯，此外对它就没有更多的东西好谈了。（《马克思恩格斯全集》第29卷，人民出版社2020年版，第705页）

⑥ 在马克思以前很久，人们就已经确定我们现在称为剩余价值的那部分产品价值的存在；同样也有人已经多少明确地说过，这部分价值是由什么构成的，也就是说，是由占有者不付等价物的那种劳动的产品构成的。（第45卷第21页）

⑦ 另一些人，即社会主义者，则发现这种分配不公平，并寻求乌托邦的手段来消除这种不公平现象。（第45卷第21页）

⑧ 研究必须充分地占有材料，分析它的各种发展形式，探寻这些形式的内在联系。（第44卷第21页）

⑨ 要知道什么是剩余价值，他就必须知道什么是价值。（第45卷第21页）

⑩ 马克思研究了劳动形成价值的特性，第一次确定了什么样的劳动形成价值，为什么形成价值以及怎样形成价值，并确定了价值不外就是这种劳动的凝固。（第45卷第21页）

⑪ 这种事实必定要使全部经济学发生革命，并且把理解全部资本主义生产的钥匙交给那个知道怎样使用它的人。（第45卷第21页）

这种不公平现象。⑦ 马克思则以实事求是的研究方法⑧，科学地研究了全部既有的经济范畴，发现要知道什么是剩余价值，必须首先知道什么是价值。⑨ 他第一次确定了什么样的劳动形成价值，为什么形成价值以及怎样形成价值⑩，从而使全部经济学发生了革命⑪。

马克思还通过"批判旧世界，发现新世界"在《资本论》中对资本主义社会之后的共产主义社会的经济运行做了一些推论。以《资本论》中的理论为基础，人类社会开始自觉地而不是像以往那样自发地向前发展。

与《资本论》相比，现代西方经济学

抛弃了古典经济学仅有的科学性，只剩下为资本主义辩护的"虚伪的遁词和空话"⑫，再加上一些经不起推敲的数学包装。[1]从而，我们看到，在 2008 年美国金融危机后，西方的资产阶级代表人物也开始阅读《资本论》，以便了解真正的经济规律，毕竟恩格斯早就向德国资本家们推销过，不管《资本论》的倾向如何，它包含着值得所有人注意的科学阐述和真实材料⑬。

因此，我们应当把《资本论》作为一本像高等数学教材那样的科学著作来阅读，进而把马克思主义当作科学而不仅仅是信仰来对待⑭。

⑫ 他把这一类虚伪的遁词和空话都交给他为此目的雇用的政治经济学教授们去讲。（第 44 卷第 225 页）

⑬ 不管它的倾向如何，包含着值得所有人注意的科学阐述和真实材料。（《马克思恩格斯全集》第 21 卷，人民出版社 2003 年版，第 338 页）

⑭ 特别是领袖们有责任越来越透彻地理解种种理论问题，越来越彻底地摆脱那些属于旧世界观的传统言辞的影响，并且时刻注意到：社会主义自从成为科学以来，就要求人们把它当做科学来对待，就是说，要求人们去研究它。（《马克思恩格斯文集》第 2 卷，人民出版社 2009 年版，第 219 页）

第 2 讲

商品与劳动

⑮ 马克思引自李嘉图："当我们谈到商品、商品的交换价值和调节商品的相对价格的原则时，我们总是只指那些人的劳动可以增加其数量，竞争可以刺激它们的生产而且不会碰到任何障碍的商品。"（《马克思恩格斯全集》第 4 卷，人民出版社 1958 年版，第 90 页）

⑯ 物的有用性使物成为使用价值。（第 44 卷第 48 页）

⑰ 一个物可以是使用价值而不是价值。在这个物不是以劳动为中介而对人有用的情况下就是这样。例如，空气、处女地、天然草地、野生林等等。（第 44 卷第 54 页）

这里所说的商品首先要求是可以通过劳动生产出来的东西⑮。像古董这样不可以生产出来的东西，虽然也是市场交易中的商品，但不是这里要分析的商品。

商品是人们通过劳动生产出来的产品，但不是所有的产品都是商品。人们生产这些产品是为了满足自身的需要，产品的这种有用性使产品成为使用价值⑯。不同种类的使用价值一般不可以相互替代，例如锄头不能代替瓦罐来装水。[1]正因为如此，人们才需要用不同的具体劳动形式来生产不同的使用价值。有些物，例如人们所呼吸的空气，虽然不是人类劳动生产出来的，但也可以是使用价值⑰。

商品成为使用价值是指它对人类有用，这种使用价值构成财富的物质内容[18]，但并不意味着它对它的占有者有用。恰恰相反，正因为商品对它的占有者没有用，它才被它的占有者作为商品拿去交换，把它转到需要用它的人手里[19]。而在货币出现以前，对方也需要拿自己占有的商品来交换，从而使商品具有交换价值。

交换价值是两种不同种类的使用价值之间相交换的量的比例。[20] 在存在多种使用价值的情况下，每种商品可以对应多种交换价值，例如，20 米麻布可以换 1 件上衣或 1 公斤茶叶或 5 公斤咖啡或 50 公斤小麦。在这里，1 件上衣或 1 公斤茶叶

[18] 使用价值总是构成财富的物质的内容。（第 44 卷第 49 页）

[19] 要成为商品，产品必须通过交换，转到把它当作使用价值使用的人的手里。（第 44 卷第 54 页）一切商品对它们的占有者是非使用价值，对它们的非占有者是使用价值。因此，商品必须全面转手。这种转手就形成商品交换。（第 44 卷第 104 页）

[20] 交换价值首先表现为一种使用价值同另一种使用价值相交换的量的关系或比例。（第 44 卷第 49 页）

㉑ 同一种商品的各种有效的交换价值表示一个等同的东西。（第44卷第49页）

㉒ 在商品的交换关系或交换价值中表现出来的共同东西，也就是商品的价值。（第44卷第51页）

㉓ 没有一个物可以是价值而不是使用物。（第44卷第54页）

㉔ 它们所以是商品，只因为它们是二重物，既是使用物又是价值承担者。（第44卷第61页）

或5公斤咖啡或50公斤小麦，都可以换而且只可以换20米麻布，这表明它们所表示的是一个等量的共同的东西。㉑ 这个共同的东西就是商品的价值㉒，它与使用价值的关系仅仅在于没有使用价值的东西也没有价值㉓。[2]

使用价值和价值构成商品的二重性㉔。不同时具有这两种属性的产品不能称为商品，或者说不是标准的商品。例如，当我们"坚持房子是用来住的、不是用来炒的定位"时，就是强调房子的使用价值属性而淡化其价值属性，这就意味着房子不应当成为普通的商品，住房不能任意商品化、市场化。

商品的二重性分别对应劳动的二重性，即有用劳动和抽象劳动。

生产使用价值的劳动为有用劳动[25]，它与劳动的具体过程有关，在比较生产不同使用价值的劳动时，我们又称其为具体的有用劳动或具体劳动[26]。

无论何种具体劳动都要耗费人类的劳动力，都是人的体力和脑力的耗费[27]。不同的使用价值的生产只是这种劳动力的耗费被分配在不同的具体的生产过程中的结果。当这种分配体现在不同的人身上时，就表现为社会分工。正因为如此，不同的使用价值才是可以交换的，尽管社会分工并不意味着商品交换是必需的[28]。劳动力

[25] 由自己产品的使用价值或者由自己产品是使用价值来表示自己的有用性的劳动，我们简称为有用劳动。（第 44 卷第 55 页）

[26] 缝上衣的劳动是一种与织麻布的劳动不同的具体劳动。（第 44 卷第 65 页）

[27] 尽管缝和织是不同质的生产活动，但二者都是人的脑、肌肉、神经、手等等的生产耗费，从这个意义上说，二者都是人类劳动。（第 44 卷第 57 页）

[28] 这种分工是商品生产存在的条件，虽然不能反过来说商品生产是社会分工存在的条件。在古代印度公社中就有社会分工，但产品并不成为商品。（第 44 卷第 55 页）

㉙ 各种劳动不再有什么差别，全都化为相同的人类劳动，抽象人类劳动。（第44卷第51页）

㉚ 这些物现在只是表示，在它们的生产上耗费了人类劳动力，积累了人类劳动。这些物，作为它们共有的这个社会实体的结晶，就是价值——商品价值。（第44卷第51页）

㉛ 一切劳动，一方面是人类劳动力在生理学意义上的耗费；就相同的或抽象的人类劳动这个属性来说，它形成商品价值。一切劳动，另一方面是人类劳动力在特殊的有一定目的的形式上的耗费；就具体的有用的劳动这个属性来说，它生产使用价值。（第44卷第60页）

的这种耗费表现为抽象的人类劳动或抽象劳动 ㉙，它形成商品的价值㉚。

抽象劳动与具体的有用劳动不是两次劳动，而是在从事具体的有用劳动的同时，就会有抽象劳动，没有人可以在不付出体力和脑力的情况下就完成某种具体的有用劳动。㉛ 当然，不是所有付出体力和脑力的活动都是（抽象）劳动，例如体育活动就是如此。

根据在劳动中体力与脑力付出的差异，劳动可以分为简单劳动与复杂劳动。如果这两类劳动生产的是同一种商品，那么它们在同一时间内的劳动量之比可以按实际生产的使用价值量的比值来衡量；如果它们生产的是不同类的商品，那么复杂劳动能够折算成多大量的简单劳动就由社会过程来决定 ㉜。无论如何，最复杂的劳动所生产的商品总是可以与简单劳动生产出来的黄金相交换的 ㉝。因此，为了简便起见，今后谈到劳动时不区分劳动的复杂程度 ㉞。

㉜ 各种劳动化为当作它们的计量单位的简单劳动的不同比例，是在生产者背后由社会过程决定的，因而在他们看来，似乎是由习惯确定的。（第 44 卷第 58 页）在一切资本主义生产发达的国家中，工人阶级的体质已经孱弱和相当衰竭，因此，一般说来，同很轻巧的细活相比，需要很多力气的粗活常常成为较高级劳动，而细活倒降为简单劳动。如瓦匠的劳动在英国要比锦缎工人的劳动高得多。（第 44 卷第 230 页脚注）

㉝ 一个商品可能是最复杂的劳动的产品，但是它的价值使它与简单劳动的产品相等，因而本身只表示一定量的简单劳动。（第 44 卷第 58 页）

㉞ 为了简便起见，我们以后把各种劳动力直接当作简单劳动力，这样就省去了简化的麻烦。（第 44 卷第 58 页）

第 3 讲

社会必要劳动时间

要生产一定量的使用价值，不仅需要付出劳动力，而且还需要持续一段时间的付出。假如盖一间茅草房需要3天的劳动，那么只劳动2天是得不到一间茅草房的。付出3天劳动得到1间茅草房，这就是原始意义上的按劳分配[35]。中国古人所说"一分耕耘，一分收获"讲的也是这种按劳分配。当然，如果有人能够凭借人身依附关系或暴力等因素从盖茅草房的人手中夺走茅草房，那就不再是按劳分配了。显然，人类社会的分配结果与一定的社会历史形态有关。

对于独立的商品生产者而言，没有人愿意以自己较长时间的劳动所创造的

[35] 社会购买这些物品的方法，就是把它所能利用的劳动时间的一部分用来生产这些物品，也就是说，用该社会所能支配的劳动时间的一定量来购买这些物品。（第46卷第208页）

成果去换取其他人较短时间的劳动所创造的成果㊱，除非对方在相同的时间内有较大的劳动强度㊲，使得双方付出的劳动量相同。

因此，劳动持续的时间是非常重要的，它在劳动强度相同的情况下实际上计量了所生产的使用价值的价值量㊳。

然而，即便劳动强度相同，不同的人由于所使用的工具的差异以及劳动熟练程度的差异，在生产同一种商品时所花费的劳动时间也是不同的，从而同一种商品具有不同的个别价值。但是，在商品经济的市场竞争中同一种商品的市场价值是相同的。这意味着，该种商品生产者的劳动力

㊱ 难道可以设想，农民和手工业者竟如此愚蠢，以致有人会拿 10 小时劳动的产品来和另一个人 1 小时劳动的产品交换吗？（第 46 卷第 1016 页）

㊲ 压缩在一定时间内的较大量的劳动，现在是算作较大的劳动量，而实际上也是如此。（第 44 卷第 472 页）

㊳ 使用价值或财物具有价值，只是因为有抽象人类劳动对象化或物化在里面。那么，它的价值量是怎样计量的呢？是用它所包含的"形成价值的实体"即劳动的量来计量。劳动本身的量是用劳动的持续时间来计量，而劳动时间又是用一定的时间单位如小时、日等作尺度。（第 44 卷第 51 页）

㊴ 体现在商品世界全部价值中的社会的全部劳动力，在这里是当作一个同一的人类劳动力，虽然它是由无数单个劳动力构成的。（第 44 卷第 52 页）

㊵ 每一个这种单个劳动力，同别一个劳动力一样，都是同一的人类劳动力，只要它具有社会平均劳动力的性质，起着这种社会平均劳动力的作用。（第 44 卷第 52 页）

㊶ 只是社会必要劳动量，或生产使用价值的社会必要劳动时间，决定该使用价值的价值量。（第 44 卷第 52 页）

㊷ 社会必要劳动时间是在现有的社会正常的生产条件下，在社会平均的劳动熟练程度和劳动强度下制造某种使用价值所需要的劳动时间。（第 44 卷第 52 页）

在市场上被当作同一的人类劳动力㊴。每一个这种单个的劳动力是按社会平均水平来对待的㊵，他们生产的商品是按社会平均劳动力生产该种商品的劳动时间，即社会必要劳动时间，来确定市场价值的㊶。

在这里，劳动力不仅是指人本身，还包括相应的生产条件。因此，社会必要劳动时间是指在现有的社会正常的生产条件下，在社会平均的劳动熟练程度和劳动强度下，制造某种使用价值所需要的劳动时间㊷。

社会必要劳动时间不是通常人们误以为的平均劳动时间。假如某种商品有两个生产者，一个要花 6 小时劳动，另一个只花 3 小时劳动，那么社会必要劳动时间并不是 6 小时与 3 小时的平均，而是要看哪一个生产方式代表社会正常的生产条件或再生产的主要生产条件。[43] 因此在蒸汽织布机刚出现的时候，手工织布时间仍然是社会必要劳动时间，而在蒸汽织布机普遍应用之后蒸汽织布时间就成为社会必要劳动时间[44]。这是因为，蒸汽织布具有较高的生产力，能够在较短的劳动时间内生产出同样数量的布，从而单位数量的布的价值量较低[45]，具有较强的市场竞争力[46] 和再生产供给能力。

社会必要劳动时间既是对单个商品而言的，也是对社会总产品而言的[47]。如果

[43] 每一种商品（因而也包括构成资本的那些商品）的价值，都不是由这种商品本身包含的必要劳动时间决定的，而是由它的再生产所需要的社会必要劳动时间决定的。这种再生产可以在和原有生产条件不同的、更困难或更有利的条件下进行。（第 46 卷第 157 页）

[44] 在英国使用蒸汽织布机以后，把一定量的纱织成布所需要的劳动可能比过去少一半。实际上，英国的手工织布工人把纱织成布仍旧要用以前那样多的劳动时间，但这时他一小时的个人劳动的产品只代表半小时的社会劳动，因此价值也降到了它以前的一半。（第 44 卷第 52 页）

[45] 劳动生产力越高，生产一种物品所需要的劳动时间就越少，凝结在该物品中的劳动量就越小，该物品的价值就越小。（第 44 卷第 53 页）

[46] 价值由社会必要劳动时间决定这一点，是通过商品变便宜和迫使商品按同样有利的条件进行生产的压力而为自己开辟道路的。（第 46 卷第 726 页）

[47] 不仅在每个商品上只使用必要的劳动时间，而且在社会总劳动时间中，也只把必要的比例量使用在不同类的商品上。（第 46 卷第 716 页）

全社会只需要一定量的某种产品，那么超出这个量生产出来的产品就不被需要，相应的劳动时间就被浪费掉了[48]，不算作社会意义上的必要劳动时间[49]，尽管单个商品的社会必要劳动时间即市场价值还是那么多。这时商品会低于它的市场价值来出售。[50]由此，马克思认为，资本主义社会之后的未来社会应当在社会需要量和社会生产量之间建立起联系[51]，由社会来控制生产，以避免这种浪费。

生产力的变化会引起生产单个商品的社会必要劳动时间的变化，进而影响单个商品的价值，但生产力总是指某种有用劳动的生产力，它不影响在同一劳动时间内

㊽ 如果某种商品的产量超过了当时社会的需要，社会劳动时间的一部分就浪费掉了，这时，这个商品量在市场上代表的社会劳动量就比它实际包含的社会劳动量小得多。（第 46 卷第 208 页）

㊾ 假定棉织品按比例来说生产过多了，尽管在这个棉织品总产品中实现的只是既定条件下生产这个总产品的必要劳动时间。但是，总的来说，这个特殊部门消耗的社会劳动是过多了；就是说，产品的一部分已经没有用处。可见，只有当全部产品是按必要的比例生产时，它们才能卖出去。社会劳动时间可分别用在各个特殊生产领域的份额的这个数量界限，不过是价值规律本身进一步展开的表现，虽然必要劳动时间在这里包含着另一种意义。为了满足社会需要，只有如许多的劳动时间才是必要的。（第 46 卷第 717 页）

㊿ 这些商品必然要低于它们的市场价值出售，其中一部分甚至会根本卖不出去。（第 46 卷第 208—209 页）

(51) 只有在生产受到社会实际的预定的控制的地方，社会才会在用来生产某种物品的社会劳动时间的数量和要由这种物品来满足的社会需要的规模之间，建立起联系。（第 46 卷第 208 页）

抽象劳动的耗费，也不影响在这一时间内生产出来的使用价值的总价值⑤。[1]因此，如果同一劳动量在丰产年表现为 8 公斤小麦，在歉产年只表现为 4 公斤小麦，那么丰产年的 8 公斤小麦的价值量就与歉产年的 4 公斤小麦的价值量相同，如果其他商品的生产不受自然条件影响，且劳动生产力不发生变化，那么丰产年的 8 公斤小麦与歉产年的 4 公斤小麦在各自当年所能交换回的其他商品的数量也相同。这就是在商品经济时代，丰产不丰收的主要原因。其原因不在于歉产年小麦数量少，物以稀为贵，而在于歉产年 1 公斤小麦中包含的社会必要劳动时间本来就比较多。

⑤ 生产力的变化本身丝毫也不会影响表现为价值的劳动。既然生产力属于劳动的具体有用形式，它自然不再能同抽去了具体有用形式的劳动有关。因此，不管生产力发生了什么变化，同一劳动在同样的时间内提供的价值量总是相同的。但它在同样的时间内提供的使用价值量是不同的：生产力提高时就多些，生产力降低时就少些。（第 44 卷第 60 页）

第 4 讲

价值形式与货币商品

两个商品的交换比例，如 20 米麻布 =1 件上衣，或者说 20 米麻布值 1 件上衣，表现了最简单的价值关系(53)。在这个交换公式中，被买来消费的是麻布，麻布发挥使用价值的职能。而购买 20 米麻布付出的代价，是 1 件上衣。上衣不是直接用来穿的，而是用来购买麻布的，1 件上衣以其自然形式表现了 20 米麻布的价值(54)，但不能表现它自身的价值(55)。这是因为，无论是 20 米麻布 =20 米麻布，还是 1 件上衣 =1 件上衣，都只表示一定量的使用价值而不表现其价值量。如果改变上述价值关系等式的方向，写成 1 件上衣 =20 米麻布，那么上衣就处于相对价值形式，被

(53) 最简单的价值关系就是一个商品同另一个不同种的商品（不管是哪一种商品都一样）的价值关系。（第 44 卷第 62 页）

(54) 麻布的价值只能相对地表现出来，即通过另一个商品表现出来。因此，麻布的相对价值形式要求有另一个与麻布相对立的商品处于等价形式。（第 44 卷第 63 页）

(55) 这另一个充当等价物的商品不能同时处于相对价值形式。它不表现自己的价值。它只是为另一个商品的价值表现提供材料。（第 44 卷第 63 页）

买来消费，而麻布则起等价物的作用，表现上衣的价值，处于等价形式。⑤⑥

麻布并不是只与上衣交换，除了上述价值关系外，我们还有 20 米麻布 =1 公斤茶叶，或 =5 公斤咖啡，或 =50 公斤小麦，或 =2 克金，或 = 其他。把所有这些关系式倒过来，我们有 1 件上衣 =20 米麻布，1 公斤茶叶 =20 米麻布，5 公斤咖啡 =20 米麻布，50 公斤小麦 =20 米麻布，2 克金 =20 米麻布，等等。⑤⑦ 这意味着其他商品的价值都可以通过麻布来表现，麻布就成了一般等价物⑤⑧。这使得麻布可以直接与其他商品相交换，而其他商品一般要先与麻布交换，才能用交换来的

⑤⑥ 前一个商品的价值表现为相对价值，或者说，处于相对价值形式。后一个商品起等价物的作用，或者说，处于等价形式。（第 44 卷第 62 页）

⑤⑦ 如果一个人用他的麻布同其他许多商品交换，从而把麻布的价值表现在一系列其他的商品上，那么，其他许多商品占有者也就必然要用他们的商品同麻布交换，从而把他们的各种不同的商品的价值表现在同一个第三种商品麻布上。（第 44 卷第 80—81 页）

⑤⑧ 商品世界的一般的相对价值形式，使被排挤出商品世界的等价物商品即麻布，获得了一般等价物的性质。麻布自身的自然形式是这个世界的共同的价值形态，因此，麻布能够与其他一切商品直接交换。（第 44 卷第 83 页）

麻布再去交换其他商品。当然，上衣、茶叶、咖啡、小麦、金等都可以像麻布一样处于一般等价形式，这是因为它们同样具有价值。

但是，在商品交换的发展中，金由于其自身的物理性质（质地均匀、容易分割和合并）和生产属性（生产单位质量的金所需的社会必要劳动时间量相对稳定）最终处于一般等价形式的独占地位(59)，从而成为货币商品(60)。其他商品与货币商品的交换比例或者说其他商品在货币商品上的价值表现，就是该商品的价格。(61)例如，麻布的价格形式就是 20 米麻布 =2 克金，小麦的价格形式就是 25 公斤小麦 =1 克

(59) 有一个特定的商品在历史过程中夺得了这个特权地位，这就是金。（第 44 卷第 86 页）

(60) 等价形式同这种独特商品的自然形式社会地结合在一起，这种独特商品成了货币商品，或者执行货币的职能。（第 44 卷第 86 页）

(61) 一个商品（如麻布）在已经执行货币商品职能的商品（如金）上的简单的相对的价值表现，就是价格形式。（第 44 卷第 87 页）

金。在这里，货币商品不能表现自身的价格，2 克金 =2 克金只能表现使用价值量，货币商品与其他商品一样，只能相对地通过别的商品来表现自己的价值量。(62)

货币商品的首要职能是作为价值尺度计量其他商品的价值量，正因为如此，金才成为货币商品 (63)。但要定义货币商品，只依据价值尺度这个职能还是不够的。这是因为，货币商品是商品交换的产物，必须进一步考察货币商品在商品交换中的职能。

作为商品交换或商品流通的中介，货币商品取得了流通手段的职能。(64) 同时，在商品流通中，货币商品不断被转手，例

(62) 货币同任何商品一样，只能相对地通过别的商品来表现自己的价值量。它本身的价值是由生产它所需要的劳动时间决定的，并且是通过任何另一个凝结着同样多劳动时间的商品的量表现出来的。（第 44 卷第 111 页）

(63) 金执行一般的价值尺度的职能，并且首先只是由于这个职能，金这个独特的等价商品才成为货币。（第 44 卷第 114 页）

(64) 作为商品流通的中介，货币取得了流通手段的职能。（第 44 卷第 136 页）

⑥⑤ 在货币不断转手的过程中，单有货币的象征存在就够了。货币的职能存在可以说吞掉了它的物质存在。货币作为商品价格的转瞬即逝的客观反映，只是当作它自己的符号来执行职能，因此也能够由符号来代替。（第 44 卷第 152 页）

⑥⑥ 货币符号本身需要得到客观的社会公认，而纸做的象征是靠强制流通得到这种公认的。（第 44 卷第 152 页）

⑥⑦ 作为价值尺度并因而以自身或通过代表作为流通手段来执行职能的商品，是货币。因此，金（或银）是货币。（第 44 卷第 152 页）

如麻布占有者用 20 米麻布换来 2 克金，又拿 2 克金去换了 1 件上衣；而上衣占有者用 1 件上衣换来 2 克金后，又拿 2 克金换来 1 公斤茶叶；茶叶占有者换来 2 克金后，又拿 2 克金换来 50 公斤小麦。货币商品在这些商品占有者手里只是一个转瞬即逝的存在，从而可以用一个货币符号来代替，例如代表一定价值量（金量）的纸币⑥⑤。只不过，这个货币符号需要被商品占有者们所认可⑥⑥。

由此，我们可以给出货币商品的定义：货币商品是作为价值尺度并因而以自身或通过代表（纸票等）作为流通手段来执行职能的商品。⑥⑦

货币商品作为价值尺度，需要确立一个基准的价值量作为计量单位或价格标准。⑱英国首相曾问英国商人，什么是一英镑？撇开劳动价值论的西方经济学和金融学都未能回答"什么是一块钱"[1]这个问题。由于货币商品均质的特性⑲，一定重量的货币商品就可以作为价格标准⑳。这就是一块钱的由来㉑。

如果货币商品有相应的铸币，那么铸币名称并不能表现货币商品的价值量，尽管它看上去表现为货币商品的价格。例如，假定 30 克黄金可以铸成 1 英镑的金币，那么 1/30 英镑就代表 1 克黄金所代表的价值量，而 25 公斤小麦 =1/30

⑱ 尽管商品五花八门，商品价值都转化为同名的量，即金量。这些价值作为这样的不同的金量互相比较，互相计量，这样在技术上就有必要把某一固定的金量作为商品价值的计量单位。这个计量单位本身通过进一步分成等分而发展成为标准。（第 44 卷 117 页）

⑲ 一种物质只有分成的每一份都是均质的，才能成为价值的适当的表现形式，或抽象的因而等同的人类劳动的化身。另一方面，因为价值量的差别纯粹是量的差别，所以货币商品必须只能有纯粹量的差别，就是说，必须能够随意分割，又能够随意把它的各部分合并起来。金和银就天然具有这种属性。（第 44 卷 109 页）

⑳ 要使金充当价格标准，必须把一定重量的金固定为计量单位。（第 44 卷 118 页）

㉑ 在一切金属的流通中，原有的重量标准的名称，也是最初的货币标准或价格标准的名称。（第 44 卷 117—118 页）镑原来是真正一磅重的银的货币名称。（第 44 卷 120 页）

⑦ 确定一定重量的金的计算名称被误认为确定这个重量的价值。（第 44 卷第 121 页脚注）

英镑表现的就是小麦的价格，但是 1 克金 =1/30 英镑并不是金的价格，哪怕人们通常把它看成是金的价格⑦。

第5讲

价格、价值与供求

⑦ 商品在金上的价值表现是观念的，所以要表现商品的价值，也可以仅仅用想象的或观念的金。每一个商品监护人都知道：当他给予商品价值以价格形式或想象的金的形式时，他远没有把自己的商品转化为金，而为了用金估量数百万的商品价值，他不需丝毫实在的金。（第44卷第115—116页）

⑦ 商品世界的流通过程所需要的流通手段量，已经由商品的价格总额决定了。事实上，货币不过是把已经在商品价格总额中观念地表现出来的金额实在地表现出来。（第44卷第139页）

⑦ 假定有若干互不相干的、同时发生的、因而在空间上并行的卖，或者说局部形态变化，例如有1夸特小麦、20码麻布、1本圣经、4加仑烧酒同时出售。如果每种商品的价格都是2镑，待实现的价格总额就是8镑，那么进入流通的货币量必须是8镑。相反，如果这4种商品是我们上面所说的形态变化系列的各个环节，即1夸特小麦—2镑—20码麻布—2镑—1本圣经—2镑—4加仑烧酒—2镑，那么，有2镑就可以使所有这些商品依次流通，因为它依次实现它们的价格，从而实现8镑的价格总额，最后停留在酿酒者手中。这2镑完成了4次流通。（第44卷第141页）

⑦ 在平均流通速度一定时，能够执行流通手段职能的货币量也是一定的，所以，例如只要把一定量1镑的钞票投入流通，就可以从流通中取回等量的索维林，——这是一切银行都很熟悉的手法。（第44卷第143页）

⑦ 一切从流通退出的货币，都是处在贮藏货币的形式中。（第45卷第90页）

商家在给商品明码标价时，不需要像卖出商品时那样要有实在的货币商品。⑦ 作为价值尺度，货币商品计量了商品总价值的价格总额，从而也确定了流通中所需要的货币商品量⑦，但这个量不是唯一决定的，因为这个货币商品的需要量还与货币的流通速度有关⑦。货币流通快，少量货币就能完成较大量商品的交换，货币商品的需求量就会相对减少。这也从另一方面反映出，货币商品的数量并不决定商品的价格。事实上，当市场上的货币商品量超出需要量时，多余的货币商品会退出流通⑦，成为贮藏货币⑦，而不是像西方经济学所认为的那样提高商品的价格。

某种商品的价格会随着该商品的价值量和货币商品的价值量的变动而变动⑦，但不会因为货币商品数量的变化而变化⑦。例如，当发现大型银矿时，生产银的社会必要劳动时间会下降，银的价值量也会下降，从而以银为货币的商品价格会上涨。尽管这时银的数量的确增多了，但这种价格上涨并不是因为银的数量增多。

西方经济学认为，商品的价格下降时，需求会扩大，而商品的价格上升时，供给才会扩大。因此，如果需求大于供给，提高价格就能使缩小的需求和扩大的供给趋于相等；同理，如果需求小于供

⑦ 商品价格只有在货币价值不变、商品价值提高时，或在商品价值不变、货币价值降低时，才会普遍提高。反之，商品价格只有在货币价值不变、商品价值降低时，或在商品价值不变、货币价值提高时，才会普遍降低。由此决不能得出结论说，货币价值提高，商品价格必定相应降低，货币价值降低，商品价格必定相应提高。这只适用于价值不变的商品。例如，某些商品的价值和货币的价值同时按同一比例提高，这些商品的价格就不会改变。（第 44 卷第 119 页）

⑦ 在工业周期的危机阶段，商品价格的普遍降低表现为货币相对价值的提高，而在繁荣阶段，商品价格的普遍提高表现为货币相对价值的降低。所谓通货学派就从这里得出结论说，物价高时，流通的货币太多；物价低时，流通的货币太少。（第 44 卷第 715—716 页）有一种错觉，认为情况恰恰相反，即商品价格决定于流通手段量，而流通手段量又决定于一个国家现有的货币材料量，这种错觉在它的最初的代表者那里是建立在下面这个荒谬的假设上的：在进入流通过程时，商品没有价格，货币也没有价值，然后在这个过程内，商品堆的一个可除部分同金属堆的一个可除部分相交换。（第 44 卷第 146 页）

⑧ 如果供求一致，它们就不再发生作用，正因为如此，商品就按照自己的市场价值出售。如果有两种力量按照相反的方向发生相等的作用，它们就会互相抵消，而不会对外界发生任何影响，在这种条件下发生的各种现象，就必须用另外的作用，而不是用这两种力量的作用来解释。如果互相抵消，它们就不再说明任何事情，就不会对市场价值发生影响，并且使我们更加无从了解，为什么市场价值正好表现为这样一个货币额，而不表现为另外一个货币额。（第46卷第211页）

给，降低价格就能使扩大的需求和缩小的供给趋于相等。于是存在某个均衡的价格，使需求与供给相一致，而这个均衡的价格就足以说明商品的价值了。但是，西方经济学并没有说明为什么这个均衡价格就恰恰在那个均衡位置。⑧

事实上，当商品的价值下降时，有支付能力的社会需要通常会扩大，但是供给并不会因此而缩小，这是因为商品价值的下降只是表明生产商品的社会必要劳动时间减少了，供给的条件改善了，供给反而有可能增加。如果商品的价值提高了，说明生产商品的社会必要劳动时间增加了，供给的条件恶化了，供给有可能减少，这时有支付能力的社会需要也会缩小。[81]可见，商品价值的变化会引起供求的变化，但不一定会引起供求的不平衡。

反过来，供求的不平衡的确会引起商品价格的变化，但不一定会引起商品价值的变化。[82]如果需求小于供给，在有利条件下从事生产的部门就会把价格从按平均条件进行生产的部门所决定的市场价值水平下降到本部门的个别价值的水平[83]。但是市场价值却未必会下降，这是因为供求的不平衡是接连发生的，从一段较长的时间来看，平均起来供求是可以一致的，各种同市场价值相偏离的市场价格，按平均数来看，就会平均化为市场价值。[84]因此，

[81] 如果市场价值发生了变化，总商品量得以出售的条件也就会发生变化。如果市场价值降低了，社会需要（在这里总是指有支付能力的需要）平均说来就会扩大；并且在一定限度内能够吸收较大量的商品。如果市场价值提高了，商品的社会需要就会缩减，就只能吸收较小的商品量。（第46卷第202页）

[82] 商品按照它们的价值来交换或出售是理所当然的，是商品平衡的自然规律。应当从这个规律出发来说明偏离，而不是反过来，从偏离出发来说明规律本身。（第46卷第208—209页）

[83] 如果需求小于供给，那么在有利条件下生产的那部分不管多大，都会把它的价格缩减到它的个别价值的水平，以便强行占据地盘。（第46卷第205页）

[84] 虽然在任何一定的场合供求都是不一致的，但是它们的不平衡的接连发生，——而且朝一个方向偏离的结果，会引起另一个方向相反的偏离，——从一个或长或短的时期的整体来看，使供求总是互相一致；然而这种一致只是作为过去的变动的平均，并且只是作为它们的矛盾的不断运动的结果。由此，各种同市场价值相偏离的市场价格，按平均数来看，就会平均化为市场价值，因为这种和市场价值的偏离会作为正负数互相抵消。（第46卷第211—212页）

⑧ 供求关系一方面只是说明市场价格同市场价值的偏离，另一方面是说明抵消这种偏离的趋势，也就是抵消供求关系的作用的趋势。（第46卷第212页）

⑧ 市场价值决不会同在最好的条件下生产的商品的这种个别价值相一致，除非供给极大地超过了需求。（第46卷第205—206页）

⑧ 如果供求调节市场价格，或者确切地说，调节市场价格同市场价值的偏离，那么另一方面，市场价值调节供求关系，或者说，调节一个中心，供求的变动使市场价格围绕着这个中心发生波动。（第46卷第202页）

供求关系一般只是说明以私有制为基础的市场经济的盲目性导致市场价格同市场价值的偏离，甚至说明抵消这种偏离的趋势⑧，但不能说明市场价值本身。

当然，如果供给极大地超出了需求，以至于在平均条件下进行生产的部门不得不退出市场，社会必要劳动时间由有利条件下从事生产的部门决定，市场价值就会降低到该部门的个别价值。⑧这时发生的就不只是商品价格的下降，而且也是商品价值的下降。

总之，如果说供求调节市场价格，那么市场价值就调节供求⑧。价值不是由供求决定的。

此外，即便没有价值形式或不考虑价值，价值规律仍然通过劳动时间的调节起作用。⑧⑧

⑧⑧ 在资本主义生产方式消灭以后，但社会生产依然存在的情况下，价值决定仍会在下述意义上起支配作用：劳动时间的调节和社会劳动在不同的生产类别之间的分配，最后，与此有关的簿记，将比以前任何时候都更重要。（第 46 卷第 965 页）

第 6 讲

货币符号与信用货币

⑧⑨ 每年耗费在金银这种流通工具的生产上的劳动力和社会生产资料的总量，对于资本主义生产方式，总之，对于以商品生产为基础的生产方式来说，是一项巨大的非生产费用。这种非生产费用，会相应地使一定量可能的追加生产资料和消费资料，即一定量实际财富，不能供社会利用。在生产规模不变或者生产扩大程度不变时，只要这个昂贵的流通机器的费用减少，社会劳动的生产力就会提高。所以，只要那些和信用制度一起发展的辅助工具发生这种作用，它们就会直接增加资本主义的财富，这或者是因为大部分社会生产过程和劳动过程因此会在没有实在的货币的参与下完成，或者是因为实际执行职能的货币量的作用能力会提高。（第 45 卷第 382—383 页）

⑨⑩ 如果纸币超过了自己的限度，即超过了能够流通的同名的金币量，那么，撇开有信用扫地的危险不说，它在商品世界仍然只是代表由商品世界的内在规律所决定的那个金量，即它所能代表的那个金量。例如，如果一定的纸票量按其名称代表 2 盎司金，而实际是代替 1 盎司金……其结果无异于金在它作为价格尺度的职能上发生了变化。同一价值，原来用 1 镑的价格来表现，现在要用 2 镑的价格来表现了。（第 44 卷第 150 页）

如今最主要的货币符号是国有或非国有的中央银行机构发行的银行券，其中国有机构发行的有英镑、人民币等，非国有机构发行的有美元、欧元等。货币符号取代货币商品行使流通手段的职能，可以节省社会在商品流通上的消耗⑧⑨。中国古代曾经限制铜钱的使用，就是因为制作铜钱需要大量的铜。

但是，当货币符号不能从其发行者那里直接兑换货币商品或具有同等价值的其他商品时，货币符号的发行就有可能超出它所代表的货币商品量（价值量），从而使货币符号的含金量下降，发生贬值和通货膨胀⑨⑩。第二次世界大战结束前，西欧和美国达成布雷顿森林协议，规定 35 美元代表 1 盎司黄金。越南战争期间，美国大肆发行美元以弥补战争消耗，导致布雷顿森林协议签署不到 30 年就瓦解了，美元的含金量大幅下降。2008 年美国发生金融危机后，美元的含金量相比于布雷顿森林协议期间更是缩水了 97% 以上，只有以前的零头。从这个意义上说，贮藏货币商品黄金的收益比货币符号的银行存款的收益高得多。

在商品流通中，并不是所有的商品交换都是一手交钱一手交货[91]。如果一方先交货，另一方后付钱，那么在交货后，交货方就成为付钱方的债权人，而付钱方则成为债务人[92]，此后债务人付钱不是为

(91) 随着商品流通的发展，使商品的让渡同商品价格的实现在时间上分离开来的关系也发展起来。（第 44 卷第 158 页）

(92) 先购买商品，后对商品支付。一个商品占有者出售他现有的商品，而另一个商品占有者却只是作为货币的代表或作为未来货币的代表来购买这种商品。卖者成为债权人，买者成为债务人。（第 44 卷第 159 页）

㊚ 由于商品的形态变化或商品的价值形式的发展在这里起了变化，货币也就取得了另一种职能。货币成了支付手段。（第44卷第159页）

㊔ 欠债的买者把商品转化为货币，则是为了能够支付。如果他不支付，他的财产就会被强制拍卖。因此，现在由于流通过程本身的关系所产生的一种社会必要性，商品的价值形态即货币就成了卖的目的本身。（第44卷第160页）

㊕ 一定时期内例如一天内流通的货币量和流通的商品量也不再相符。（第44卷第163页）

㊖ 信用货币是直接从货币作为支付手段的职能中产生的。（第44卷第163页）

了同时获得商品，而是偿付以前的债务。这就使得货币从流通手段转变为支付手段㊚。如果说，此前买者还没有将他手中的商品换成货币以购买别人手中的商品，那么此后为了还债，他就不得不出卖他的商品以获得货币。㊔

随着支付手段的出现，所需的货币总量就由流通手段所需要的货币量和支付手段所需要的货币量组成，流通的货币量和流通的商品量不再相符㊕，前者的数量更不能决定后者的价格。

与支付手段的出现相伴随的是信用货币。㊖当买者的欠款条（通常以支票和汇票等商业票据形式存在）被卖者作为抵押物用于交换他所需要的商品时，这张欠款条就作为流通手段而成为信用货币或商业货币⑨。接受欠款条抵押的第三方还可以将欠款条交给第四方来换取自己所需要的商品。欠款条在到期时将由它的签发人将货币商品直接支付给最后持有它的人。大多数欠款条的最后持有人都是一些专门的金融机构。不同人的欠款条会有相当一部分在这些金融机构手中像三角债一样互相抵消⑨，而真正到期交付的货币商品量会比较少⑨，因此少量的货币商品量就可以通过信用机制支撑大量的商品交易⑩。

这种状况在信用机制受到破坏或遇到冲击时就会发生货币危机。这个时候商业

⑨ 由出售商品得到的债券本身又因债权的转移而流通。（第44卷第163页）这种票据直到它们期满，支付日到来之前，本身又会作为支付手段来流通；它们形成真正的商业货币。（第46卷第450页）

⑨ 就这种票据由于债权和债务的平衡而最后互相抵消来说，它们是绝对地作为货币来执行职能的，因为在这种情况下，它们已无须最后转化为货币了。就像生产者和商人的这种互相预付形成信用的真正基础一样，这种预付所用的流通工具，票据，也形成真正的信用货币如银行券等等的基础。真正的信用货币不是以货币流通（不管是金属货币还是国家纸币）为基础，而是以票据流通为基础。（第46卷第450—451页）

⑨ 随着支付集中于同一地点，使这些支付互相抵消的专门机构和方法就自然地发展起来。例如中世纪里昂的转账处就是如此。只要把A对B、B对C、C对A等等所有的债权对照一下，就可以有一定的数额作为正数和负数互相抵消。这样需要偿付的只是债务差额。支付越集中，差额相对地就越小，因而流通的支付手段量也相对地越小。（第44卷第161页）

⑩ 作为支付手段的货币取得了它特有的各种存在形式，并以这些形式占据了大规模交易的领域，而金银铸币则主要被挤到小额贸易的领域中去。（第44卷第164页）

⑩ 货币作为支付手段的职能包含着一个直接的矛盾。在各种支付互相抵消时，货币就只是在观念上执行计算货币或价值尺度的职能。而在必须进行实际支付时，货币又不是充当流通手段，不是充当物质变换的仅仅转瞬即逝的中介形式，而是充当社会劳动的单个化身，充当交换价值的独立存在，充当绝对商品。这种矛盾在生产危机和商业危机中称为货币危机的那一时刻暴露得特别明显。这种货币危机只有在一个接一个的支付的锁链和抵消支付的人为制度获得充分发展的地方，才会发生。当这一机制整个被打乱的时候，不问其原因如何，货币就会突然直接地从计算货币的纯粹观念形态转变成坚硬的货币。（第44卷第161—162页）

⑩ 信用货币本身只有在它的名义价值额上绝对代表现实货币时，才是货币。（第46卷第584页）

⑩ 在危机时期，商品和它的价值形态（货币）之间的对立发展成绝对矛盾。因此，货币的表现形式在这里也是无关紧要的。不管是用金支付，还是用银行券这样的信用货币支付，货币荒都是一样的。（第44卷第162页）

信用货币面临变成不能兑现的白条的风险，所有商业信用货币的持有者都企图将商业信用货币立即转换成信用最高的货币符号即中央银行发行的银行券（纸币）或货币商品本身。⑩ 但是，由于商业信用货币不再互相抵消时，其所代表的货币量⑩ 远超货币商品量甚至货币符号量的存量，于是就会出现货币荒。因此，美国金融危机后，欧洲央行及美日等国的中央银行都向其商业银行系统注入了大量的纸币⑩，但由于种种原因救市效果欠佳。

虽然美国金融危机导致美元贬值，但也让美元相对于欧元和日元升值了。这是因为，货币商品作为跨国贸易的世界货币⑩本来是没有符号的，但是，美元依靠美国霸权窃居了世界货币符号的地位，因而在经济全球化的国际贸易和国际金融活动中，大量的信用货币都是以美元来计价的。于是，在美国金融危机打乱了世界信用机制之后，世界各国大量的信用货币都要转化为美元。因此，美元的需要量大增，许多国家纷纷抛售其他可兑换货币如欧元、日元等来换取美元，使得美元相对于其他各国的货币符号反而"坚挺"了起来，尽管在真正的货币商品黄金面前，美元是极其虚弱的。

世界货币的主要作用是平衡国际收支差额⑩，而美元窃居世界货币符号地位则

⑩ 货币一越出国内流通领域，便失去了在这一领域内获得的价格标准、铸币、辅币和价值符号等地方形式，又恢复原来的贵金属块的形式。在世界贸易中，商品普遍地展开自己的价值。因此，在这里，商品独立的价值形态，也作为世界货币与商品相对立。只有在世界市场上，货币才充分地作为这样一种商品执行职能，这种商品的自然形式同时就是抽象人类劳动的直接的社会实现形式。货币的存在方式与货币的概念相适合了。（第 44 卷第 166 页）

⑩ 世界货币作为一般支付手段、一般购买手段和一般财富的绝对社会化身执行职能。它的最主要的职能，是作为支付手段平衡国际贸易差额。（第 44 卷第 167—168 页）金银充当国际购买手段，主要是在各国间通常的物质变换的平衡突然遭到破坏的时候。最后，它们充当财富的绝对社会化身是在这样的场合：不是要买或是要支付，而是要把财富从一个国家转移到另一个国家，同时，商品市场的行情或者要达到的目的本身，不容许这种转移以商品形式实现。（第 44 卷第 168 页）

⑩ 现实的货币总是世界市场货币，并且信用货币总是建立在世界市场货币的基础上。（第46卷第608页）

是为了形成或扩大国际收支差额。美国金融寡头误导人们以为世界货币由金本位制改为美元本位制，让其他国家拿出自己的商品、黄金和资产去换取美国廉价制造的纸币，向美国缴纳铸币税，并形成美国的贸易逆差。而美国却以贸易逆差是别国占了美国的便宜为理由，强迫别国进一步向美国让出利益。但是，货币的本质是价值尺度，本身没有价值的纸币是成不了货币本位的⑩。今天的货币制度仍然是金本位制，只是它与纸币之间的比例变成浮动的了。

第 7 讲

货币转化为资本

有个笑话说的是，一个穷人的老婆不小心打碎了一个鸡蛋，这位穷人怒斥他老婆让他损失了一个大的养鸡场。这个穷人认为，这个鸡蛋如果没有破的话将会孵出小鸡，鸡长大后再生蛋，蛋再孵鸡，就会形成一个大的养鸡场。

这个嘲笑当事人抠门的故事之所以成为一个笑话，是因为在现实中人们很少见到一个鸡蛋能变出一个养鸡场。但这个笑话也是有一定的合理性的。一是因为养鸡场的鸡的确是由鸡蛋孵出来的；二是因为资本家的钱的确会越变越多。这个笑话中这位穷人的思维实际上就是资本家的思维。

对真正的穷人来说，钱只是货币商品，是商品流通"货—钱—货"的中介，是具有一定价值量的使用价值的代表⑩，本来就会花掉⑩，少一点钱也就是少几口饭⑩，钱没了可以再挣[1]。而对资本家来说，钱是他赚钱[2]的起点，钱没了，他就无法再赚钱，而只能去挣钱了。在资本家手中，货币的流通方式是"钱—货—钱"⑩，资本家付出货币是为了把它再收回来⑪。正因为处于这样的流通之中，货币转化为资本⑫。

在商品流通"货—钱—货"中，前后两个"货"是不同种类的商品或使用价值，即商品流通是"甲货—钱—乙货"⑬，

⑩ 商品流通的直接形式是 W—G—W，商品转化为货币，货币再转化为商品，为买而卖。（第 44 卷第 172 页）在 W—G—W 循环中，始极是一种商品，终极是另一种商品，后者退出流通，转入消费。因此，这一循环的最终目的是消费，是满足需要，总之，是使用价值。（第 44 卷第 175 页）

⑩ 在 W—G—W 这个流通中，货币最后转化为充当使用价值的商品。于是，货币就最终花掉了。（第 44 卷第 173 页）

⑩ 简单商品流通——为买而卖——是达到流通以外的最终目的，占有使用价值，满足需要的手段。（第 44 卷第 178 页）

⑩ 除这一形式外，我们还看到具有不同特点的另一形式 G—W—G，货币转化为商品，商品再转化为货币，为卖而买。（第 44 卷第 172 页）

⑪ 在 G—W—G 这个相反的形式中，买者支出货币，却是为了作为卖者收入货币。他购买商品，把货币投入流通，是为了通过出卖这同一商品，从流通中再取回货币。他拿出货币时，就蓄意要重新得到它。因此，货币只是被预付出去。（第 44 卷第 173—174 页）

⑫ 在运动中通过这后一种流通的货币转化为资本，成为资本，而且按它的使命来说，已经是资本。（第 44 卷第 172 页）

⑬ 在简单商品流通中，两极具有同样的经济形式。二者都是商品，而且是价值量相等的商品。但它们是不同质的使用价值，如谷物和衣服。（第 44 卷第 175 页）

⑭ 一个货币额和另一个货币额只能有量的区别。因此，G—W—G过程所以有内容，不是因为两极有质的区别（二者都是货币），而只是因为它们有量的不同。最后从流通中取出的货币，多于起初投入的货币。（第44卷第175—176页）

⑮ 我把这个增殖额或超过原价值的余额叫做剩余价值。（第44卷第176页）

⑯ 如果是等价物交换，不产生剩余价值；如果是非等价物交换，也不产生剩余价值。流通或商品交换不创造价值。（第44卷第190页）

⑰ 原预付价值不仅在流通中保存下来，而且在流通中改变了自己的价值量，加上了一个剩余价值，或者说增殖了。正是这种运动使价值转化为资本。（第44卷第176页）

⑱ 作为资本的货币的流通本身就是目的，因为只是在这个不断更新的运动中才有价值的增殖。因此，资本的运动是没有限度的。（第44卷第178页）

⑲ G—W—G循环是从货币一极出发，最后又返回同一极。因此，这一循环的动机和决定目的是交换价值本身。（第44卷第175页）

其结果是不同商品的交换。而在资本流通"钱—货—钱"中，前后两个"钱"却是同样的货币，因此要使资本流通具有意义，前后两个"钱"必须是不等量的钱，也就是说，资本流通是"钱—货—更多的钱"⑭。多出来的钱被称为剩余价值。⑮相比之下，在商品流通结束时价值并不会增加⑯。

因此，在资本家的眼中，钱不只是货币商品，而是会不断增殖的资本⑰，从而少一点钱就不只是少几口饭，而是少了无限增殖⑱之后的好几桶金⑲，就像少了一个鸡蛋就是少了一个养鸡场一样。所以越有钱的人越抠门，这是因为他们是按资本家的本能来行事的⑫。这也是为什么西方经济学家承认，商品的效用是递减的[3]，而货币的效用并不递减[4]，尽管他们无法计量效用的多寡。恩格斯也发现，穷人从穷人那里得到的资助总体上比从富人那里得到的资助多。⑫

由鸡蛋发展成养鸡场，即使可以做到，也是需要付出巨大的劳动的。只不过穷人要付出的是自己的劳动，而资本家付出的则是别人的劳动。

⑫ 作为这一运动的有意识的承担者，货币占有者变成了资本家。他这个人，或不如说他的钱袋，是货币的出发点和复归点。这种流通的客观内容——价值增殖——是他的主观目的；只有在越来越多地占有抽象财富成为他的活动的惟一动机时，他才作为资本家或作为人格化的、有意志和意识的资本执行职能。因此，决不能把使用价值看作资本家的直接目的。他的目的也不是取得一次利润，而只是谋取利润的无休止的运动。（第 44 卷第 178—179 页）

⑫ 在日常生活中，工人比资产者仁慈得多。我在上面已经说过，乞丐通常几乎只向工人乞讨，工人在帮助穷人方面总是比资产阶级做得多。（《马克思恩格斯文集》第 1 卷，人民出版社 2009 年版，第 438 页）

第 8 讲

劳动力成为商品

⑫ 我们把劳动力或劳动能力，理解为一个人的身体即活的人体中存在的、每当他生产某种使用价值时就运用的体力和智力的总和。（第44卷第195页）

⑬ 如果工人需要用他的全部时间来生产维持他自己和他的家庭所必要的生活资料，那么他就没有时间来无偿地为第三者劳动。没有一定程度的劳动生产率，工人就没有这种可供支配的时间，而没有这种剩余时间，就不可能有剩余劳动，从而不可能有资本家，而且也不可能有奴隶主，不可能有封建贵族，一句话，不可能有大占有者阶级。（第44卷第585页）

资本家不是作为消费者得到别人的劳动产品，而是要得到别人的劳动，那就需要购买到劳动力商品。

劳动力是劳动者的劳动能力，是劳动者在劳动中所能运用的体力和智力的总和。⑫

劳动者要维持劳动力就需要获得足够的生活资料，获得生活资料就需要发挥劳动力，即从事劳动。当劳动者的劳动成果仅仅能够维持劳动力的时候，任何剥削都是不存在的。只有随着生产力的发展，劳动者的劳动成果能够超过维持劳动力的需要时，剥削才是可能的。⑬这时，劳动在生产商品时所创造的价值就大于劳动力商品自身的价值，这是因为劳动力商品的价值就是在一定的历史和文化条件下维持劳动力所必需的生活资料的价值⑫。

　　显然，当劳动者能够生产商品时，他将会出卖他所生产的商品而不是把劳动力当商品出售。这是因为，出卖劳动产品比出卖劳动力本身对劳动者更有利。于是，劳动力商品存在的前提[1]进而也是资本主义存在的前提⑫，是劳动者不能出卖自己的劳动产品，同时劳动者拥有自己的劳动力的所有权和使用权⑫，以至于劳动者不得不把自己的劳动力当作商品出售。

　　这种前提的出现是历史发展到一定阶段的产物⑫。劳动者在出卖劳动

⑫　劳动力的价值，就是维持劳动力占有者所必要的生活资料的价值。（第 44 卷第 199 页）所谓必不可少的需要的范围，和满足这些需要的方式一样，本身是历史的产物，因此多半取决于一个国家的文化水平，其中主要取决于自由工人阶级是在什么条件下形成的，从而它有哪些习惯和生活要求。因此，和其他商品不同，劳动力的价值规定包含着一个历史的和道德的要素。（第 44 卷第 199 页）

⑫　劳动产品和劳动本身的分离，客观劳动条件和主观劳动力的分离，是资本主义生产过程事实上的基础或起点。（第 44 卷第 658 页）

⑫　货币占有者要把货币转化为资本，就必须在商品市场上找到自由的工人。这里所说的自由，具有双重意义：一方面，工人是自由人，能够把自己的劳动力当作自己的商品来支配，另一方面，他没有别的商品可以出卖，自由得一无所有，没有任何实现自己的劳动力所必需的东西。（第 44 卷第 197 页）

⑫　大量的人突然被强制地同自己的生存资料分离，被当作不受法律保护的无产者抛向劳动市场。对农业生产者即农民的土地的剥夺，形成全部过程的基础。这种剥夺的历史在不同的国家带有不同的色彩，按不同的顺序、在不同的历史时代通过不同的阶段。（第 44 卷第 823 页）资本来到世间，从头到脚，每个毛孔都滴着血和肮脏的东西。（第 44 卷第 871 页）

⑫ 在生产过程中，资本发展成为对劳动，即对发挥作用的劳动力或工人本身的指挥权。人格化的资本即资本家，监督工人有规则地并以应有的强度工作。（第44卷第359页）

⑫ 从工人方面看：他的劳动力，只有通过出卖而和生产资料相结合的时候，才可能从事生产活动。因此，在出卖之前，劳动力是和生产资料，和它的活动的物的条件相分离的。在这种分离状态中，它既不能直接用来为它的所有者生产使用价值，也不能用来生产商品，使它的所有者能够依靠这种商品的出售而维持生活。但是，劳动力一经出卖而和生产资料相结合，它就同生产资料一样，成了它的买者的生产资本的一个组成部分。（第45卷第37—38页）

⑬ 单是在一极有劳动条件作为资本出现，在另一极有除了劳动力以外没有东西可出卖的人，还是不够的。这还不足以迫使他们自愿地出卖自己。（第44卷第846页）

力商品后才能在资本家的安排和监督下⑫，与生产资料相结合从事生产劳动⑬。即便如此，劳动者也未必愿意出卖劳动力⑬，他们可以选择流浪和乞讨[⑬]，即使出卖劳动力也可能索要较高的工资。于是，为了资本家的利益，政府出手了[⑫]，劳动者被强迫适应资本的需要，并习惯出卖自己的劳动力[⑬]。

⑬ 由于封建家臣的解散和土地断断续续遭到暴力剥夺而被驱逐的人，这个不受法律保护的无产阶级，不可能像它诞生那样快地被新兴的工场手工业所吸收。另一方面，这些突然被抛出惯常生活轨道的人，也不可能一下子就适应新状态的纪律。他们大批地转化为乞丐、盗贼、流浪者，其中一部分人是由于习性，但大多数是为环境所迫。（第 44 卷第 843 页）

⑫ 15 世纪末和整个 16 世纪，整个西欧都颁布了惩治流浪者的血腥法律。现在的工人阶级的祖先，当初曾因被迫转化为流浪者和需要救济的贫民而受到惩罚。（第 44 卷第 843 页）新兴的资产阶级为了"规定"工资，即把工资强制地限制在有利于赚钱的界限内，为了延长工作日并使工人本身处于正常程度的从属状态，就需要并运用国家权力。（第 44 卷第 847 页）

⑬ 被暴力剥夺了土地、被驱逐出来而变成了流浪者的农村居民，由于这些古怪的恐怖的法律，通过鞭打、烙印、酷刑，被迫习惯于雇佣劳动制度所必需的纪律。（第 44 卷第 846 页）

⑬ 劳动力占有者和货币占有者在市场上相遇，彼此作为身份平等的商品占有者发生关系，所不同的只是一个是买者，一个是卖者，因此双方是在法律上平等的人。这种关系要保持下去，劳动力所有者就必须始终把劳动力只出卖一定时间，因为他要是把劳动力一下子全部卖光，他就出卖了自己，就从自由人转化为奴隶，从商品占有者转化为商品。他作为人，必须总是把自己的劳动力当作自己的财产，从而当作自己的商品。而要做到这一点，他必须始终让买者只是在一定期限内暂时支配他的劳动力，消费他的劳动力，就是说，他在让渡自己的劳动力时不放弃自己对它的所有权。（第44卷第195—196页）

⑬ 劳动力的买者消费劳动力，就是叫劳动力的卖者劳动。（第44卷第207页）

⑬ 在资本主义生产方式占统治地位的一切国家里，给劳动力支付报酬，是在劳动力按购买契约所规定的时间发挥作用以后，例如是在每周的周末。因此，到处都是工人把劳动力的使用价值预付给资本家；工人在得到买者支付他的劳动力价格以前，就让买者消费他的劳动力，因此，到处都是工人给资本家以信贷。这种信贷不是什么空虚的幻想，这不仅为贷方碰到资本家破产时失掉工资所证明，而且也为一系列远为持久的影响所证明。（第44卷第202—203页）

劳动者出卖的劳动力商品只是一段时间内劳动力的使用权⑬，否则他就卖身为奴了。但这也使得资本家不爱惜劳动力，特别是资本家为购买劳动力所支付的报酬是在他消费劳动力商品即让劳动者为他劳动⑬之后才支付的⑬，他并不为劳动力的损耗（如过劳死）买单，并随时可以从失业者那里购买到新的劳动力商品。

第 9 讲

剩余价值的生产

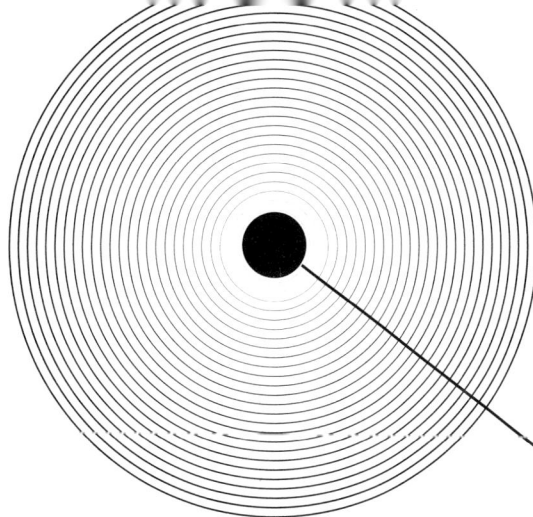

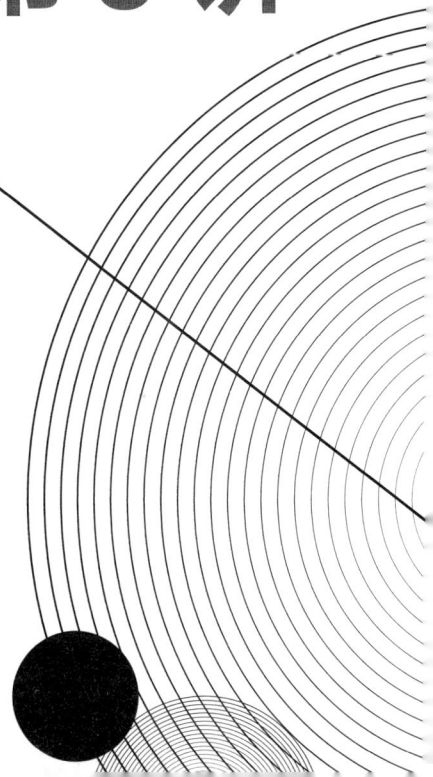

⑬ 劳动首先是人和自然之间的过程，是人以自身的活动来中介、调整和控制人和自然之间的物质变换的过程。（第44卷第207—208页）

⑬ 劳动过程，就我们在上面把它描述为它的简单的、抽象的要素来说，是制造使用价值的有目的的活动，是为了人类的需要而对自然物的占有，是人和自然之间的物质变换的一般条件，是人类生活的永恒的自然条件，因此，它不以人类生活的任何形式为转移，倒不如说，它为人类生活的一切社会形式所共有。因此，我们不必来叙述一个劳动者与其他劳动者的关系。一边是人及其劳动，另一边是自然及其物质，这就够了。根据小麦的味道，我们尝不出它是谁种的，同样，根据劳动过程，我们看不出它是在什么条件下进行的：是在奴隶监工的残酷的鞭子下，还是在资本家的严酷的目光下……（第44卷第215页）

⑬ 劳动过程的简单要素是：有目的的活动或劳动本身，劳动对象和劳动资料。（第44卷第208页）

出卖了劳动力商品的工人按资本家的指令进行劳动。劳动是人对自然物的改造⑰，以满足自身的需要⑱。因此，劳动过程要具备以下要素：有目的的活动，劳动对象和劳动资料。⑲

为了达成劳动目的，劳动者必须使用自己的意志，按照劳动过程的要求去行动，哪怕这个意志是外来压力强加给他的⑭。劳动对象是劳动所加工的自然物。有一些劳动对象是上一道工序加工过的，这些劳动对象被称为原料⑭。劳动资料是劳动者用来加工或作用于劳动对象的东西⑭，

⑭ 这个目的是他所知道的，是作为规律决定着他的活动的方式和方法的，他必须使他的意志服从这个目的。但是这种服从不是孤立的行为。除了从事劳动的那些器官紧张之外，在整个劳动时间内还需要有作为注意力表现出来的有目的的意志，而且，劳动的内容及其方式和方法越是不能吸引劳动者，劳动者越是不能把劳动当作他自己体力和智力的活动来享受，就越需要这种意志。（第 44 卷第 208 页）

⑭ 已经被以前的劳动可以说滤过的劳动对象，我们称为原料。例如，已经开采出来正在洗的矿石。一切原料都是劳动对象，但并非任何劳动对象都是原料。劳动对象只有在它已经通过劳动而发生变化的情况下，才是原料。（第 44 卷第 209 页）

⑭ 劳动资料是劳动者置于自己和劳动对象之间、用来把自己的活动传导到劳动对象上去的物或物的综合体。劳动者利用物的机械的、物理的和化学的属性，以便把这些物当作发挥力量的手段，依照自己的目的作用于其他的物。劳动者直接掌握的东西，不是劳动对象，而是劳动资料（这里不谈采集果实之类的现成的生活资料，在这种场合，劳动者身上的器官是惟一的劳动资料）。（第 44 卷第 209 页）

⑭ 各种经济时代的区别，不在于生产什么，而在于怎样生产，用什么劳动资料生产。劳动资料不仅是人类劳动力发展的测量器，而且是劳动借以进行的社会关系的指示器。（第 44 卷第 210 页）广义地说，除了那些把劳动的作用传达到劳动对象、因而以这种或那种方式充当活动的传导体的物以外，劳动过程的进行所需要的一切物质条件也都算作劳动过程的资料。它们不直接加入劳动过程，但是没有它们，劳动过程就不能进行，或者只能不完全地进行。土地本身又是这类一般的劳动资料，因为它给劳动者提供立足之地，给他的劳动过程提供活动场所。这类劳动资料中有的已经经过劳动的改造，例如厂房、运河、道路等等。（第 44 卷第 211 页）

⑭ 如果整个过程从其结果的角度，从产品的角度加以考察，那么劳动资料和劳动对象二者表现为生产资料，劳动本身则表现为生产劳动。（第 44 卷第 211 页）

是劳动生产力的物质体现⑭。作为劳动过程的客观因素，劳动对象和劳动资料表现为生产资料，与之相对应的劳动本身表现为生产劳动。⑭但是，在资本主义条件下，只有为资本家生产剩余价值的劳动才被视为生产劳动。⑭ 其生产过程如下：

资本家在购买劳动力商品后，也为劳动者准备好了生产所需要的生产资料⑭。这些生产资料只能用于生产，没有其他用处，而且还会受到自然因素的破坏⑭。正是工人的劳动发挥了它们的作用，避免了资本家的损失。工人在发挥生产资料作用时不仅消费了生产资料的使用价值，制造出新的使用价值，而且保存了已经被消费掉的生产资料的价值，使其成为新产品的价值的组成部分⑭。这其实就是把生产资料的生产过程和使用生产资料生产新产品的生产劳动过程，

⑭ 生产劳动的概念缩小了。资本主义生产不仅是商品的生产，它实质上是剩余价值的生产。工人不是为自己生产，而是为资本生产。因此，工人单是进行生产已经不够了。他必须生产剩余价值。只有为资本家生产剩余价值或者为资本的自行增殖服务的工人，才是生产工人。如果可以在物质生产领域以外举一个例子，那么，一个教员只有当他不仅训练孩子的头脑，而且还为校董的发财致富劳碌时，他才是生产工人。校董不把他的资本投入香肠工厂，而投入教育工厂，这并不使事情有任何改变。（第 44 卷第 582 页）

⑭ 他已经在商品市场上购买了劳动过程所需要的一切因素：物的因素和人的因素，即生产资料和劳动力。（第 44 卷第 215 页）

⑭ 机器不在劳动过程中服务就没有用。不仅如此，它还会受到自然的物质变换的破坏力的影响。铁会生锈，木会腐朽。纱不用来织或编，会成为废棉。（第 44 卷第 214 页）

⑭ 当生产劳动把生产资料转化为新产品的形成要素时，生产资料的价值也就经过一次轮回。它从已消耗的躯体转到新形成的躯体。（第 44 卷第 240 页）

⑭ 生产棉花所需要的劳动时间，是生产以棉花为原料的棉纱所需要的劳动时间的一部分，因而包含在棉纱中。生产纱锭所需要的劳动时间也是如此，因为没有纱锭的磨损或消费，棉花就不能纺成纱。因此，在考察棉纱的价值，即生产棉纱所需要的劳动时间时，可以把各种不同的在时间和空间上分开的特殊劳动过程，即生产棉花本身和生产所消耗的纱锭量所必须完成的劳动过程，以及最后用棉花和纱锭生产棉纱所必须完成的劳动过程，看成是同一个劳动过程的前后相继的不同阶段。（第44卷第219页）

合在一起加以考察的结果⑭。新产品的价值除去消耗的生产资料价值之外的其他部分就是由工人生产新产品的生产劳动凝结而成的。

假定一个工人每小时创造的价值为4元，再假定其从事的是纺纱劳动，每小时消耗价值6元的生产资料，产出1公斤棉纱。这样1公斤棉纱的价值量是6+4=10元。

假定劳动力商品的日价值为24元。资本家在购买了劳动力商品后，如果他只为劳动者准备了价值6×6=36元的生产资料，工人在6小时中为他生产了6公斤棉纱，价值6×10=60元。而资本家的付出是 36 元（生产资料）+24 元（劳动力）=60 元。资本家手里的价值没有增殖，没有剩余价值，货币没有转化为资本。

但是，在这里，劳动力商品的日价值只是表明维持工人一天生活只需要劳动 24/4=6 小时，这种情况不妨碍工人劳动更长时间[150]。即便工人只劳动 8 小时，使资本家准备的 6×8=48 元生产资料转化为价值 80 元的 8 公斤棉纱，资本家也会得到 80-48-24=8 元的剩余价值[151]，货币转化为资本[152]。

我们看到，工人的劳动首先要补偿资本家支付的劳动力价值[153]，这部分劳动时

[150] 维持一个工人 24 小时的生活只需要半个工作日，这种情况并不妨碍工人劳动一整天。（第 44 卷第 225 页）工人在工场中遇到的，不仅是 6 小时而且是 12 小时劳动过程所必需的生产资料。（第 44 卷第 226 页）

[151] 劳动力发挥作用的结果，不仅再生产出劳动力自身的价值，而且生产出一个超额价值。这个剩余价值就是产品价值超过消耗掉的产品形成要素即生产资料和劳动力的价值而形成的余额。（第 44 卷第 242 页）

[152] 他的货币转化为资本的这整个过程，既在流通领域中进行，又不在流通领域中进行。它是以流通为中介，因为它以在商品市场上购买劳动力为条件。它不在流通中进行，因为流通只是为价值增殖过程作准备，而这个过程是在生产领域中进行的。（第 44 卷第 227 页）

[153] 工人在劳动过程的一段时间内，只是生产自己劳动力的价值，就是说，只是生产他的必要生活资料的价值。（第 44 卷第 249 页）

⑮ 他不是直接生产自己的生活资料，而是以某种特殊的商品形式（如棉纱）生产出同他的生活资料的价值相等的价值，或者说，同他用来购买生活资料的货币相等的价值。（第44卷第249—250页）

⑮ 因为工人在生产劳动力日价值（如3先令）的工作日部分内，只是生产资本家已经支付的劳动力价值的等价物，就是说，只是用新创造的价值来补偿预付的可变资本的价值，所以，这种价值的生产只是表现为再生产。因此，我把进行这种再生产的工作日部分称为必要劳动时间，把在这部分时间内耗费的劳动称为必要劳动。这种劳动对工人来说所以必要，是因为它不以他的劳动的社会的形式为转移。这种劳动对资本和资本世界来说所以必要，是因为工人的经常存在是它们的基础。（第44卷第250—251页）

⑯ 工人超出必要劳动的界限做工的时间，虽然耗费工人的劳动，耗费劳动力，但并不为工人形成任何价值。这段时间形成剩余价值，剩余价值以从无生有的全部魅力引诱着资本家。我把工作日的这部分称为剩余劳动时间，把这段时间内耗费的劳动称为剩余劳动。（第44卷第251页）

间可以说是为工人自己生产的⑭，是必要劳动时间，相应的劳动为必要劳动⑮。这部分补偿完毕，剩下的劳动时间就是为资本家生产剩余价值的时间，是剩余劳动时间，相应的劳动为剩余劳动⑯。

剩余价值的生产是资本主义生产的根本目的[157]，因此，在那里，富裕的程度不是由总产品来计量的，而是由剩余产品[158]来计量的[159]。

资本家不愿意承认剩余价值来源于工人的剩余劳动，为此，他和他所雇佣的经济学家找了不少借口[160]，其中一些借口今天还在被人使用。对此，马克思一一作了回应，这里不再多说。

[157] 剩余价值的生产是资本主义生产的决定的目的。（第 44 卷第 265 页）

[158] 我们把代表剩余价值的那部分产品称为剩余产品。（第 44 卷第 265 页）

[159] 富的程度不是由产品的绝对量来计量，而是由剩余产品的相对量来计量。（第 44 卷第 265 页）

[160] 他用一大套冗长无味的空话愚弄了我们。为此他不费一文钱。他把这一类虚伪的遁词和空话都交给他为此目的雇用的政治经济学教授们去讲。（第 44 卷第 225 页）

第 10 讲

生产要素的分类

⑯ 劳动过程的不同因素在产品价值的形成上起着不同的作用。（第 44 卷第 232 页）

⑯ 工人把一定量的劳动——撇开他的劳动所具有的特定的内容、目的和技术性质不说——加到劳动对象上，也就把新价值加到劳动对象上。另一方面我们发现，被消耗的生产资料的价值又成了产品价值的组成部分，例如，棉花和纱锭的价值包含在棉纱的价值中。（第 44 卷第 232 页）

⑯ 把新价值加到劳动对象上和把旧价值保存在产品中，是工人在同一时间内达到的两种完全不同的结果（虽然工人在同一时间内只劳动一次），因此很明显，这种结果的二重性只能用他的劳动本身的二重性来解释。在同一时间内，劳动就一种属性来说必然创造价值，就另一种属性来说必然保存或转移价值。（第 44 卷第 232 页）

⑯ 在同一不可分割的过程中，劳动保存价值的属性和创造价值的属性在本质上是不同的。（第 44 卷第 234 页）

生产要素中物的因素和劳动力的因素在产品价值的形成上起着不同的作用⑯，在考察资本的不同部分时，我们需要根据这种不同的作用进行分类，以便揭示劳动力的受剥削程度。

工人在劳动过程中把生产资料的旧价值转移到新产品中，并加上自己劳动创造的新价值⑯。这是他的劳动的二重性在同一时间内达到的两种不同的效果，有用劳动转移旧价值，也有抽象劳动形成新价值⑯。工人在同一时间内创造多少新价值和转移多少旧价值之间没有必然联系⑯。他创造多少新价值取决于劳动强度，劳动强度大些加到产品上的新价值就多一些；

而他转移多少旧价值则取决于生产力水平，生产力水平高些，加工的劳动对象就会多些，转移旧价值的量也会多些。⑯

由此可见，生产资料和劳动力都是使用价值的形成要素，前者是物的因素，后者是人的因素。但在价值形成方面，二者却有不同。只有生产要素中的人的因素才创造新价值，生产资料只转移旧价值而不形成新价值，如果它本身是天然的劳动对象和劳动资料，没有价值可以丧失，那它就只充当使用价值的形成要素，而不充当价值的形成要素。⑯ 例如，阳光和空气中的二氧化碳是光合作用的重要因素，在农业生产中发挥着生产要素的重要作用，但

⑯ 纺同量的棉花所必要的劳动时间越多，加到棉花上的新价值就越大；在同一劳动时间内纺的棉花磅数越多，保存在产品内的旧价值就越大。（第 44 卷第 234 页）

⑯ 生产资料转给产品的价值决不会大于它在劳动过程中因本身的使用价值的消灭而丧失的价值。如果生产资料没有价值可以丧失，就是说，如果它本身不是人类劳动的产品，那么，它就不会把任何价值转给产品。它只是充当使用价值的形成要素，而不是充当交换价值的形成要素。（第 44 卷第 237 页）

它们不形成农业生产中的价值，尽管贡献巨大，却从不参与任何分配。⑯

根据在价值形成上的不同作用，马克思把转化为生产要素中物的因素的那部分资本称为不变资本⑯，把转化为劳动力的那部分资本称为可变资本⑯。这是因为，后者不仅会在生产中补偿自身的价值，而且会通过剩余劳动时间创造出数量不定的剩余价值，从而改变自身的价值。

在这里，不变资本的"不变"是指在生产过程中只进行价值转移，不改变价值，但不排斥生产过程之外的因素使它发生变化⑯。例如，原料的价值发生变化，已经购入的原料的价值要按变化后的价值

⑯ 撇开自然物质不说，各种不费分文的自然力，也可以作为要素，以或大或小的效能并入生产过程。它们发挥效能的程度，取决于不花费资本家分文的各种方法和科学进步。关于劳动力在生产过程中的社会结合和各个单个工人积累起来的熟练程度，情况也是如此。（第45卷第394页）

⑯ 转变为生产资料即原料、辅助材料、劳动资料的那部分资本，在生产过程中并不改变自己的价值量。因此，我把它称为不变资本部分，或简称为不变资本。（第44卷第243页）

⑯ 转变为劳动力的那部分资本，在生产过程中改变自己的价值。它再生产自身的等价物和一个超过这个等价物而形成的余额，剩余价值。这个剩余价值本身是可以变化的，是可大可小的。这部分资本从不变量不断转化为可变量。因此，我把它称为可变资本部分，或简称为可变资本。（第44卷第243页）

⑰ 不变资本这个概念决不排斥它的组成部分发生价值变动的可能性。（第44卷第243页）

来重新计算⑰,但这不妨碍这个变化后的原料价值在生产过程中"不变地"转移到产品中去⑫。

将资本分为不变资本和可变资本之后,我们就可以计算出劳动力的受剥削程度。这个程度是用剩余价值率来度量的,它等于剩余价值同可变资本的比值⑰。

⑪ 假定 1 磅棉花今天值 6 便士,明天由于棉花歉收而涨到 1 先令。仍在加工中的原有的棉花,是按 6 便士的价值买进的,但现在加到产品上的价值部分却是 1 先令。已经纺完,也许已经变成棉纱在市场上流通的棉花,加到产品上的价值同样也比它原来的价值大一倍。然而我们知道,这种价值变动是同纺纱过程本身中棉花价值的增殖没有关系的,即使原有的棉花还根本没有进入劳动过程,它现在也能按 1 先令而不是按 6 便士再卖出去。不仅如此,棉花经历的劳动过程越少,这种结果就越可靠。因此,投机的规律是:在发生这类价值变动的情况下,要在加工最少的原料上进行投机,就是说,在棉布上不如在棉纱上,在棉纱上不如在棉花上。在这里,价值变化是发生在生产棉花的过程中,而不是发生在棉花作为生产资料,从而作为不变资本执行职能的过程中。(第 44 卷第 243 页)

⑫ 生产资料的价值变动,虽然也会对已经进入生产过程的生产资料产生影响,但不会改变生产资料作为不变资本的性质。(第 44 卷第 244 页)

⑬ 剩余价值的相对量,即可变资本价值增殖的比率,显然由剩余价值同可变资本的比率来决定。(第 44 卷第 249 页)我把可变资本的这种相对的价值增殖或剩余价值的相对量,称为剩余价值率。(第 44 卷第 249 页)

⑭ 假定一台机器价值 1000 镑,并且在 1000 天内损耗掉。在这种情况下,机器的价值每天有 1/1000 从机器本身转移到它的日产品上。同时,尽管机器的生命力日益减弱,但整个机器仍然不断地在劳动过程中起作用。(第 44 卷第 237 页)

⑮ 同一生产资料,作为劳动过程的要素,是全部加入同一生产过程;作为价值形成的要素,则只是部分加入同一生产过程。(第 44 卷第 237—238 页)

⑯ 在它执行职能的全部时间内,它的价值总有一部分固定在它里面,和它帮助生产的商品相对立,保持着自己的独立。由于这种特性,这部分不变资本取得了固定资本的形式。在生产过程中预付的资本的其他一切物质组成部分,则与此相反,形成流动资本。(第 45 卷第 177—178 页)

⑰ 由劳动资料构成的那部分被使用的不变资本只是把自己价值的一部分转给产品,而其余的部分仍然保留在原来的存在形式中。(第 44 卷第 246 页)

在不变资本中,耐用生产资料如机器、厂房的价值转移,与非耐用生产资料如原材料的价值转移有所不同,前者是根据损耗情况将价值分批转移到产品中去⑭,后者是一次性将价值全部转移到产品中去。因此,除非损耗殆尽,否则前者总有一部分价值保留着⑮,这使前者又取得了固定资本的形式,后者和可变资本则形成与之对立的流动资本⑯。

由于固定资本价值转移的特性⑰,预付的总资本价值与在生产中消耗的资本价值是不一致的。为了简化分析,马克思在不会引起歧义的地方,谈到为生产价值而预付的不变资本时,总只是指在生产中消耗的生产资料的价值^⑱，也就是把在价值形成中不起作用的那部分抽去^⑲。与之相应的整个资本也就是可变资本加上这样的不变资本，即在生产中消耗的资本而不是实际预付的总资本。不过，后面在计算利润率时，我们会回到实际预付的总资本上来。

从产品价值中去掉其中包含的不变资本的价值，就能得到生产出的新价值即价值产品^⑳，它等于可变资本加上剩余价值。

⑱ 凡从上下文联系中得不出相反意思的地方，我们谈到为生产价值而预付的不变资本时，总只是指在生产中消耗的生产资料的价值。（第 44 卷第 246 页）

⑲ 既然这后一部分在价值形成中不起任何作用，在这里就可以把它抽去。（第 44 卷第 246 页）

⑳ 不变资本的价值只是再现在产品中。可见，在生产过程中实际新生产的价值产品，是和从这个过程中得到的产品价值不同的。（第 44 卷第 246 页）

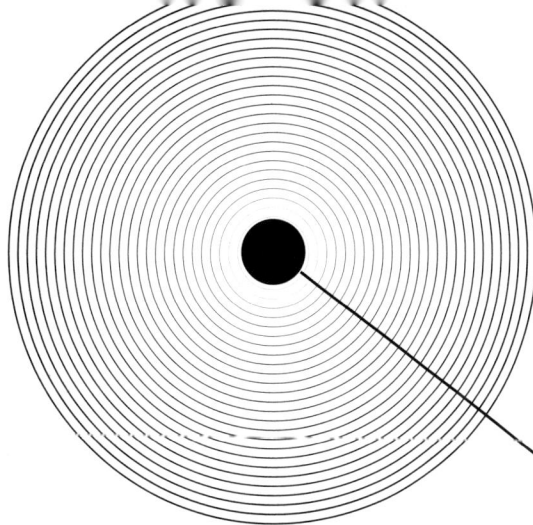

第 11 讲

工作日

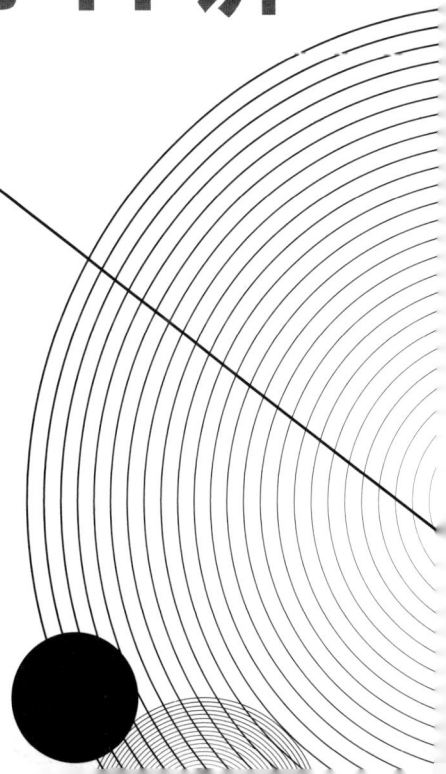

⑱ 必要劳动和剩余劳动之和，工人生产他的劳动力的补偿价值的时间和生产剩余价值的时间之和，构成他的劳动时间的绝对量——工作日。（第44卷第266页）

⑱ 工作日不是一个不变量，而是一个可变量。它的一部分固然是由不断再生产工人本身所必需的劳动时间决定的，但是它的总长度随着剩余劳动的长度或持续时间而变化。因此，工作日是可以确定的，但是它本身是不定的。（第44卷第268页）

⑱ 资本发展成为一种强制关系，迫使工人阶级超出自身生活需要的狭隘范围而从事更多的劳动。作为他人辛勤劳动的制造者，作为剩余劳动的榨取者和劳动力的剥削者，资本在精力、贪婪和效率方面，远远超过了以往一切以直接强制劳动为基础的生产制度。（第44卷第359页）

⑱ 撇开弹性很大的界限不说，商品交换的性质本身没有给工作日规定任何界限，因而没有给剩余劳动规定任何界限。资本家要坚持他作为买者的权利，他尽量延长工作日，如果可能，就把一个工作日变成两个工作日。（第44卷第271页）

工作日由必要劳动时间和剩余劳动时间组成⑱。在必要劳动时间不变的情况下，工作日随着剩余劳动时间的变化而变化⑱。

由于剩余劳动时间决定剩余价值的多少，因此，资本家总是竭力延长剩余劳动时间⑱，也就是延长工作日⑱。但是，除非是偶尔的情况下工人可以暂时24小时不睡觉，一般情况下，工人总是要休息一下的。因此，工作日总是有一个上限的⑱。然而，每个资本家在竞争的压力下总是力图突破这个上限。尽管这样会很快用废一个劳动力，但只要资本家可以从失业人口或非工业人口那里找到替补人员，这个人力资源的损失就是由全社会或整个资产阶级去分担的⑱。

⑱ 工作日有一个最高界限。它不能延长到超出某个一定的界限。这个最高界限取决于两点。第一是劳动力的身体界限。一个人在 24 小时的自然日内只能支出一定量的生命力。正像一匹马天天干活，每天也只能干 8 小时。这种力每天必须有一部分时间休息、睡觉，人还必须有一部分时间满足身体的其他需要，如吃饭、盥洗、穿衣等等。除了这种纯粹身体的界限之外，工作日的延长还碰到道德界限。工人必须有时间满足精神需要和社会需要，这些需要的范围和数量由一般的文化状况决定。因此，工作日是在身体界限和社会界限之内变动的。但是这两个界限都有极大的弹性，有极大的变动余地。（第 44 卷第 268—269 页）

⑱ 我死后哪怕洪水滔天！这就是每个资本家和每个资本家国家的口号。因此，资本是根本不关心工人的健康和寿命的，除非社会迫使它去关心。人们为体力和智力的衰退、夭折、过度劳动的折磨而愤愤不平，资本却回答说：既然这种痛苦会增加我们的快乐（利润），我们又何必为此苦恼呢？不过总的说来，这也并不取决于个别资本家的善意或恶意。自由竞争使资本主义生产的内在规律作为外在的强制规律对每个资本家起作用。（第 44 卷第 311—312 页）

⑱ 既然资本无限度地追逐自行增殖，必然使工作日延长到违反自然的程度，从而缩短工人的寿命，缩短他们的劳动力发挥作用的时间，那么，已经消费掉的劳动力就必须更加迅速地得到补偿，这样，在劳动力的再生产上就要花更多的费用，正像一台机器磨损得越快，每天要再生产的那一部分机器价值也就越大。因此，资本为了自身的利益，看来也需要规定一种正常工作日。（第44卷第307页）

⑱ 工人也要坚持他作为卖者的权利，他要求把工作日限制在一定的正常量内。（第44卷第271页）

⑱ 你无限制地延长工作日，就能在一天内使用掉我三天还恢复不过来的劳动力的量。你在劳动上这样赚得的，正是我在劳动实体上损失的。使用我的劳动力和劫掠我的劳动力完全是两回事。（第44卷第270—271页）

随着人力资源损失的加大，为了全体资产阶级的利益，资产阶级政府也不得不对资本家滥用劳动力的贪欲加以限制⑱。与此同时，受压迫的工人阶级也展开了争取正常工作日的斗争。作为劳动力商品的卖者，工人有权利要求劳动力得到正常使用⑱，如果因为工作日的无限度延长，使得工人无法在第二天恢复正常精力，那么资本家就侵害了劳动力的使用价值和价值⑱。这跟旅客损害了酒店客房里的基础设施，而一般的清洁工作不能恢复该客房在第二天的正常使用是一样的道理。但资本主义法律会自动保护酒店老板的利益，而工人要维护自己的正常出卖劳动力商品的权利，却必须联合起来展开阶级斗争⑲。

随着正常工作日的确立，在不能延长工作日的情况下，资本家就采用提高劳动强度的办法来扩大劳动量和剩余劳动量，但高强度的劳动可持续时间必然较短，这又使得工作日不得不进一步缩短⑲。

由于生产资料只有与劳动力相结合才能在价值和剩余价值的生产上发挥作用，于是当它们在工作日之外闲置时，对资本家来说就是一种消极的损失。因此，资本家发明了换班制度，通过增加劳动人员，

⑲ 在资本主义生产的历史上，工作日的正常化过程表现为规定工作日界限的斗争，这是全体资本家即资本家阶级和全体工人即工人阶级之间的斗争。（第44卷第272页）为了"抵御"折磨他们的毒蛇，工人必须把他们的头聚在一起，作为一个阶级来强行争得一项国家法律，一个强有力的社会屏障，使自己不致再通过自愿与资本缔结的契约而把自己和后代卖出去送死和受奴役。从法律上限制工作日的朴素的大宪章，代替了"不可剥夺的人权"这种冠冕堂皇的条目，这个大宪章"终于明确地规定了，工人出卖的时间何时结束，属于工人自己的时间何时开始"。（第44卷第349—350页）

⑲ 毫无疑问，当法律使资本永远不能延长工作日时，资本就力图不断提高劳动强度来补偿，并且把机器的每一改进变成一种加紧吮吸劳动力的手段，资本的这种趋势很快又必定达到一个转折点，使劳动时间不可避免地再一次缩短。（第44卷第480页）

⑭ 从价值增殖过程来看，不变资本即生产资料的存在，只是为了吮吸劳动，并且随着吮吸每一滴劳动吮吸一定比例的剩余劳动。如果它们不这样做，而只是闲置在那里，就给资本家造成消极的损失，因为生产资料闲置起来就成了无用的预付资本；一旦恢复中断的生产必须追加开支，这种损失就成为积极的损失。把工作日延长到自然日的界限以外，延长到夜间，只是一种缓和的办法，只能大致满足一下吸血鬼吮吸劳动鲜血的欲望。因此，在一昼夜 24 小时内都占有劳动，是资本主义生产的内在要求。但是日夜不停地榨取同一劳动力，从身体上说是不可能的，因此，为克服身体上的障碍，就要求白天被吸尽的劳动力和夜里被吸尽的劳动力换班工作。（第 44 卷第 297 页）

⑬ 不再是工人使用生产资料，而是生产资料使用工人了。（第 44 卷第 359 页）

⑭ 在工作日长度已定的情况下，剩余劳动的延长必然是由于必要劳动时间的缩短，而不是相反，必要劳动时间的缩短是由于剩余劳动的延长。（第 44 卷第 365 页）

⑮ 我把通过延长工作日而生产的剩余价值，叫做绝对剩余价值；相反，我把通过缩短必要劳动时间、相应地改变工作日的两个组成部分的量的比例而生产的剩余价值，叫做相对剩余价值。（第 44 卷第 366 页）

采取人歇机器不歇的方式，实现了 24 小时占有劳动。⑫ 这充分表明，在资本主义生产方式下，不是工人使用生产资料，而是生产资料使用工人 ⑬，迫使工人为了资本家的利益改变自己的作息时间。

在工作日不能延长的情况下，为了增加剩余劳动时间，资本家还采用了缩短必要劳动时间的办法。⑭ 马克思把通过延长工作日而生产的剩余价值，称为绝对剩余价值；把通过缩短必要劳动时间、相应地增加剩余劳动时间而生产的剩余价值，称为相对剩余价值。⑮

由于这里的必要劳动时间是生产工人生活资料的社会必要劳动时间，因此要缩短必要劳动时间只有两种办法，要么提高生产工人生活资料的生产力水平，要么降低工人生活资料的质量。前一个办法起到了促进生产力发展的作用⑲，同时表明限制和缩短工作日的长度不仅对工人而且对全社会都具有进步的意义⑲。后一个办法则使假冒伪劣的生活消费品盛行。⑲

⑲ 在资本主义生产中，发展劳动生产力的目的，是为了缩短工人必须为自己劳动的工作日部分，以此来延长工人能够无偿地为资本家劳动的工作日的另一部分。（第 44 卷第 373 页）提高劳动生产力来使商品便宜，并通过商品便宜来使工人本身便宜，是资本的内在的冲动和经常的趋势。（第 44 卷第 371 页）

⑲ 相对剩余价值的生产使劳动的技术过程和社会组织发生彻底的革命。（第 44 卷第 583 页）

⑲ 面包搀假的情况，令人难以置信，在伦敦尤为厉害。这种现象最先是由下院"食物搀假"调查委员会（1855—1856 年）和哈索尔医生《揭穿了的搀假行为》一书揭发出来的。揭发的结果是 1860 年 8 月 6 日颁布了"防止饮食品搀假"法，这是一项无效的法律，因为它对每个企图靠买卖假货"赚正当钱"的自由贸易论者当然是极端宽容的。委员会本身也相当坦率地承认，自由贸易实质上是假货贸易，或者用英国人的俏皮说法，是"诡辩品"贸易。（第 44 卷第 288 页）

第 12 讲

资本主义生产方式

⑲ 许多人在同一生产过程中，或在不同的但互相联系的生产过程中，有计划地一起协同劳动，这种劳动形式叫做协作。（第44卷第378页）

⑳ 20个织布工人用20台织机劳动的房间，必然比一个独立织布者带两个帮工做工的房间大得多。但是，建造一座容纳20个人的作坊比建造10座各容纳两个人的作坊所耗费的劳动要少，因此大量积聚的并且共同使用的生产资料的价值，一般地说，不会和这些生产资料的规模及其效果成比例地增加。（第44卷第377页）

㉑ 结合劳动的效果要么是单个人劳动根本不可能达到的，要么只能在长得多的时间内，或者只能在很小的规模上达到。（第44卷第378页）

㉒ 结合工作日的特殊生产力都是社会的劳动生产力或社会劳动的生产力。这种生产力是由协作本身产生的。（第44卷第382页）

㉓ 这种生产力本身必然是集体力。（第44卷第378页）

生产力的发展使得资本家在生产过程中必须使用较多的工人。而随着工人的聚集，就发展出了协作这种生产方式⑲。

协作节约了劳动过程的生产资料⑳，提高了劳动生产力㉑，进而协作本身也成为社会生产力㉒。这种生产力是一种集体力㉓，但由于工人们是在被资本家雇佣的情况下才发生聚集的，所以它表现为资本的生产力，然而资本家并没有为此支付

分文 ⑳。

　　协作劳动需要有人指挥和管理 ⑳，当这种生产方式从属于资本时，管理、监督和调节的职能就成为资本家的职能 ⑳，哪

　　⑳ 工人作为独立的人是单个的人，他们和同一资本发生关系，但是彼此不发生关系。他们的协作是在劳动过程中才开始的，但是在劳动过程中他们已经不再属于自己了。他们一进入劳动过程，便并入资本。作为协作的人，作为一个工作有机体的肢体，他们本身只不过是资本的一种特殊存在方式。因此，工人作为社会工人所发挥的生产力，是资本的生产力。只要把工人置于一定的条件下，劳动的社会生产力就无须支付报酬而发挥出来，而资本正是把工人置于这样的条件之下的。因为劳动的社会生产力不费资本分文，另一方面，又因为工人在他的劳动本身属于资本以前不能发挥这种生产力，所以劳动的社会生产力好像是资本天然具有的生产力，是资本内在的生产力。（第 44 卷第 386—387 页）

　　⑳ 一切规模较大的直接社会劳动或共同劳动，都或多或少地需要指挥，以协调个人的活动，并执行生产总体的运动——不同于这一总体的独立器官的运动——所产生的各种一般职能。（第 44 卷第 384 页）

　　⑳ 起初资本指挥劳动只是表现为这样一个事实的形式上的结果：工人不是为自己劳动，而是为资本家，因而是在资本家的支配下劳动。随着许多雇佣工人的协作，资本的指挥发展成为劳动过程本身的进行所必要的条件，成为实际的生产条件。（第 44 卷第 383—384 页）一旦从属于资本的劳动成为协作劳动，这种管理、监督和调节的职能就成为资本的职能。（第 44 卷第 384 页）

⑳ 正如军队需要军官和军士一样，在同一资本指挥下共同工作的大量工人也需要工业上的军官（经理）和军士（监工），在劳动过程中以资本的名义进行指挥。监督工作固定为他们的专职。（第 44 卷第 385 页）

⑳ 资本家的管理不仅是一种由社会劳动过程的性质产生并属于社会劳动过程的特殊职能，它同时也是剥削一种社会劳动过程的职能，因而也是由剥削者和他所剥削的原料之间不可避免的对抗决定的。（第 44 卷第 384 页）如果说资本主义的管理就其内容来说是二重的，——因为它所管理的生产过程本身具有二重性：一方面是制造产品的社会劳动过程，另一方面是资本的价值增殖过程，——那么，资本主义的管理就其形式来说是专制的。（第 44 卷第 385 页）

⑳ 在只是作为商品所有者互相对立的资本家本身中间，占统治地位的却是极端无政府状态，在这种状态中，生产的社会联系只是表现为对于个人随意性起压倒作用的自然规律。（第 46 卷第 997—998 页）

⑳ 局部工人及其工具构成工场手工业的简单要素。（第 44 卷第 396 页）

⑳ 正因为手工业的熟练仍旧是生产过程的基础，所以每一个工人都只适合于从事一种局部职能，他的劳动力就转化为终身从事这种局部职能的器官。（第 44 卷第 393 页）

怕资本家安排其他人来代行⑳。于是，资本主义的企业管理就具有二重性，一方面是企业生产所必需的职能[1]，另一方面是尽可能地为资本家榨取剩余价值⑳。不过，在企业生产之外，资本主义社会生产却处于无政府状态，缺乏组织和协调。⑳

资本主义初期的生产方式是工场手工业，后来发展成为机器大工业，才使资本主义生产方式逐渐成熟。

工场手工业将手工业工人聚集到工场，它以工具为主要劳动资料，通过相对固定的分工提高生产效率⑳，同时也导致工人的技能日益局部化、专业化⑳。因此，熟练的成年男工是工场手工业的主要劳动力^⑫。

工场手工业的发展促进了工具的细
化，为机器的出现打下了物质基础^⑬。工
具机的出现成为工业革命的起点^⑭，它与
发动机、传动机构一起构成了发达的机
器。^⑮ 由于工具机需要强大的动力推动，
早期的蒸汽机被改进以满足这一要求^⑯，
从而让一些人误以为是蒸汽机引起的工业
革命。

机器使手工业的熟练不再是生产过程
的基础^⑰，成年男工在机器工厂里开始被
妇女和儿童替代^⑱，单个的工人更加无力
反抗资本家的压迫^⑲，进而加深了资本主
义生产关系，工人家庭的生活方式也随之

⑫ 因为手工业的熟练仍然是工场手
工业的基础，同时在工场手工业中执行职能的总机构没有任何不依赖工人本身的客观骨骼，所
以资本不得不经常同工人的不服从行为作斗争。（第 44 卷第 425 页）

⑬ 工场手工业时期通过劳动工具适合于局部工人的专门的
特殊职能，使劳动工具简化、改进和多样化。这样，工场手工业
时期也就同时创造了机器的物质条件之一，因为机器就是由许多
简单工具结合而成的。（第 44 卷第 396 页）

⑭ 工具机，是 18 世纪工业革命的起点。（第 44 卷第 429 页）

⑮ 所有发达的机器都由三个本质上不同的部分组成：发动
机，传动机构，工具机或工作机。（第 44 卷第 429 页）

⑯ 17 世纪末工场手工业时期发明的、一直存在到 18 世纪 80
年代初的那种蒸汽机本身，并没有引起工业革命。相反地，正是工
具机的创造才使蒸汽机的革命成为必要。（第 44 卷第 431—432 页）

⑰ 机器使手工业的活动不再成为社会生产的支配原则。（第
44 卷第 426 页）劳动资料取得机器这种物质存在方式，要求以自
然力来代替人力，以自觉应用自然科学来代替从经验中得出的成
规。（第 44 卷第 443 页）

⑱ 资本主义使用机器的第一个口号是妇女劳动和儿童劳动！
（第 44 卷第 453 页）

⑲ 工人终于毫无办法，只有依赖整个工厂，从而依赖资本
家。（第 44 卷第 486 页）

⑳　为资本家进行的强制劳动，不仅夺去了儿童游戏的时间，而且夺去了家庭本身惯常需要的、在家庭范围内从事的自由劳动的时间。（第44卷第454页）

㉑　贫困堕落的双亲只想从孩子身上榨取尽可能多的东西。孩子们长大以后，自然也就对他们的双亲漠不关心并弃之不管了。（第44卷第540页）

㉒　机器的有形损耗有两种。一种是由于使用，就像铸币由于流通而磨损一样。另一种是由于不使用，就像剑入鞘不用而生锈一样。（第44卷第465页）

㉓　只要同样结构的机器能够更便宜地再生产出来，或者出现更好的机器同原有的机器相竞争，原有机器的交换价值就会受到损失。（第44卷第465页）

㉔　在机器的最初的生活期，这种延长工作日的特别动机也最强烈。（第44卷第466页）

受到重大影响⑳，家庭关系遭到破坏㉑。

与工具不同，机器除了在使用时会磨损、在停用时会锈蚀的有形损耗㉒外，还有一种技术进步所带来的无形损耗。新的机器会以价格更低、效率更高的形式出现，从而使旧机器的尚未在生产中转移的那部分价值贬值㉓。因此，资本家有强烈的动机延长工作日或采用换班制度，使机器的价值在不停的生产中尽快地转移出去㉔。

机器生产及其分工使工人的劳动变得单调枯燥，成为折磨人的活动㉕[2]。与此同时，资本家滥用私法对工人进行惩罚㉖，使工人的艰辛付出得不到多少报酬㉗。

资本主义生产方式使机器与工人的关系发展成完全的对立，致使工人反对使用机器、反对技术进步㉘。这种对抗不是从机器和技术进步中产生的，而是从资本家利用机器和技术进步来压迫工人的生产方

㉕ 机器劳动极度地损害了神经系统，同时它又压抑肌肉的多方面运动，夺去身体上和精神上的一切自由活动。甚至减轻劳动也成了折磨人的手段，因为机器不是使工人摆脱劳动，而是使工人的劳动毫无内容。（第 44 卷第 486—487 页）在这里我们只提一下进行工厂劳动的物质条件。人为的高温，充满原料碎屑的空气，震耳欲聋的喧嚣等等，都同样地损害人的一切感官，更不用说在密集的机器中间所冒的生命危险了。这些机器像四季更迭那样规则地发布自己的工业伤亡公报。（第 44 卷第 490 页）

㉖ 资本在工厂法典中却通过私人立法独断地确立了对工人的专制。（第 44 卷第 488 页）

㉗ 奴隶监督者的鞭子被监工的罚金簿代替了。自然，一切处罚都简化成罚款和扣工资，而且工厂的莱喀古士们立法的英明，使犯法也许比守法对他们更有利。（第 44 卷第 488—489 页）

㉘ 资本主义生产方式使劳动条件和劳动产品具有的与工人相独立和相异化的形态，随着机器的发展而发展成为完全的对立。因此，随着机器的出现，才第一次发生工人对劳动资料的粗暴的反抗。（第 44 卷第 497 页）

㉒㉙ 同机器的资本主义应用不可分离的矛盾和对抗是不存在的，因为这些矛盾和对抗不是从机器本身产生的，而是从机器的资本主义应用产生的！因为机器就其本身来说缩短劳动时间，而它的资本主义应用延长工作日；因为机器本身减轻劳动，而它的资本主义应用提高劳动强度；因为机器本身是人对自然力的胜利，而它的资本主义应用使人受自然力奴役；因为机器本身增加生产者的财富，而它的资本主义应用使生产者变成需要救济的贫民，如此等等。（第44卷第508页）

㉚ 工厂法的这个部分清楚地表明，资本主义生产方式按其本质来说，只要超过一定的限度就拒绝任何合理的改良。（第44卷第554页）

㉛ 如果说，作为工人阶级的身体和精神的保护手段的工厂立法的普遍化已经不可避免，那么，另一方面，正如前面讲到的，这种普遍化使小规模的分散的劳动过程向大的社会规模的结合的劳动过程的转化也普遍化和加速起来，从而使资本的积聚和工厂制度的独占统治也普遍化和加速起来。（第44卷第576页）

式中产生的 ㉙。

机器生产对工人身心健康的损害，起到了与延长工作日的损害同样的效果，从而就像后者导致缩短工作日的立法一样，前者也导致了对工人身心健康的保护。同样地，在资本家的反对下，这种保护是极其有限的 ㉚。有意思的是，所有对工人有利的立法都要求更多的资本支出，也就是有利于大资本战胜小资本 ㉛，这也是它们得以存在的理由。

第13讲

工 资

㉜ 在资产阶级社会的表面上，工人的工资表现为劳动的价格，表现为对一定量劳动支付的一定量货币。（第 44 卷第 613 页）

㉝ 工资的形式消灭了工作日分为必要劳动和剩余劳动、分为有酬劳动和无酬劳动的一切痕迹。全部劳动都表现为有酬劳动。（第 44 卷第 619 页）

㉞ 劳动力价值是由平均工人通常必要的生活资料的价值决定的。（第 44 卷第 593 页）

㉟ 劳动强度的提高是以在同一时间内劳动消耗的增加为前提的。（第 44 卷第 599 页）

㊱ 劳动力的日价值是根据劳动力的正常的平均持续时间或工人的正常的寿命来计算的，并且是根据从生命物质到运动的相应的、正常的、适合人体性质的转变来计算的。与工作日的延长密不可分的劳动力的更大损耗，在一定点内，可以用增多的报酬来补偿。超过这一点，损耗便以几何级数增加，同时劳动力再生产和发挥作用的一切正常条件就遭到破坏。劳动力的价格和劳动力的剥削程度就不再是可通约的量了。（第 44 卷第 602 页）

工资只是工人出卖劳动力商品所得到的货币收入，但它却表现为对工人付出的全部劳动的补偿㉜，似乎资本家没有剥削工人的剩余劳动㉝。

正常情况下，工资由劳动力价值决定，而劳动力价值是由工人必要的生活消费资料的价值决定的㉞。不过，当劳动过程中因为劳动强度过大或劳动时间过长，而造成劳动力过度消耗㉟时，劳动力价值也会相应地提高，但如果工资或加班工资不能与这个价值相匹配，劳动力的消耗将得不到补偿㊱。

除了个别特殊的暂时情况外，资本家不会使工资高于劳动力价值。西方经济学中的"实际工资"概念就反映了这一点。实际工资指的是工人的生活消费资料的数量。西方经济学家认为，对于工人来说，实际工资不下降就好，这就是说工人的生活不需要改善。但事实上，即使实际工资有所提高，工人的生活也在相对恶化。这是因为，劳动生产率的提高，使得同样的劳动时间可以生产出多得多的消费资料，同样数量的实际工资会对应低得多的价值量[237]，哪怕工人的实际工资有所提高，也意味着更多的财富和剩余价值被资本家榨取了。[238] 此外，如果因为工资低而对工人进行救济，那么这种救济也只会转化为对资本家的补助[239]。

[237] 随着劳动生产力的变化而变化的，是这些生活资料的价值，而不是它们的量。（第 44 卷第 597 页）

[238] 在劳动生产力提高时，劳动力的价格能够不断下降，而工人的生活资料量同时不断增加。但是相对地说，即同剩余价值比较起来，劳动力的价值还是不断下降，从而工人和资本家的生活状况之间的鸿沟越来越深。（第 44 卷第 597—598 页）

[239] 18 世纪末和 19 世纪的最初几十年间，英国的租地农场主和地主把工资强行降低到绝对的最低限度，他们以工资形式付给农业短工的钱比最低限度还要低，而以教区救济金的形式付给不足的部分。（第 44 卷第 694—695 页）

⑳ 因为根据假定，工人要生产出一个只是和他的劳动力价值相适应的日工资，一天必须平均劳动 6 小时，又因为根据同一假定，他在每小时内只有一半时间是为自己劳动，而另一半时间是为资本家劳动，所以很清楚，如果他就业不足 12 小时，他就不能挣得 6 小时的价值产品。前面我们已经看到过度劳动的破坏性后果，这里我们又发现了工人由于就业不足所遭受的苦难的根源。（第 44 卷第 626 页）现在资本家不让工人做满维持自身生存所必要的劳动时间，也能从工人身上榨取一定量的剩余劳动。他可以破坏就业方面的任何规则性，完全按照自己的方便、意愿和眼前利益，使最惊人的过度劳动同相对的或完全的失业互相交替。他可以在支付"正常的劳动价格"的借口下，把工作日延长到超过正常的限度，而不给工人任何相应的补偿。（第 44 卷第 627 页）

⑳ 劳动价格越低，工人为了保证得到哪怕是可怜的平均工资而付出的劳动量必然越大，或者说，工作日必然越长。劳动价格的低廉在这里起了刺激劳动时间延长的作用。（第 44 卷第 629 页）资本主义积累的本性，决不允许劳动剥削程度的任何降低或劳动价格的任何提高有可能严重地危及资本关系的不断再生产和它的规模不断扩大的再生产。在一种不是物质财富为工人的发展需要而存在，相反是工人为现有价值的增殖需要而存在的生产方式下，事情也不可能是别的样子。（第 44 卷第 716—717 页）

工人只有在完成整个工作日的劳动时才能得到与自己必要劳动相对应的工资，如果他的劳动时间超过了必要劳动时间，但又没有完成整个工作日，或者他虽然完成了法定工作日但没有完成资本家期望的延长了的工作日，哪怕他已经向资本家贡献了剩余价值，资本家也不会给他发放足额的工资。⑳

西方经济学声称，工资越高，工人越有足够的收入用于休闲，从而劳动供给越少。但这话得反过来理解。正确的说法是，工资越低，工人为了得到与劳动力价值相当的用以养家糊口的收入，而必须付出的工作时间越长。⑳

低价竞争时，压低工资可以使资本家提高竞争优势的同时不损害自己的收益，反过来，竞相降价的价格战又使得资本家坚持压低工资和延长劳动时间㉔。

工资的一般形式有计时工资㉓和计件工资㉔两种。计时工资按劳动的持续时间计量，计件工资按一定时间内生产出的产品数量计量㉕。但由于单位时间的报酬和单件产品的报酬都只按分摊在其中的必要劳动来算，因此，这两种形式的工资都只包含工人的必要劳动，而没有像其名义上所表现的那样包含工人的全部劳动。㉖

与计时工资相比，计件工资促进了工人之间的竞争，而当工人由于竞

㉔ 商品价格的一部分是由劳动价格构成的。劳动价格的无酬部分不需要计算在商品价格内。它可以赠送给商品购买者。这是竞争促成的第一步。竞争迫使完成的第二步是，至少把延长工作日而产生的异常的剩余价值的一部分也不包括在商品的出售价格中。异常低廉的商品出售价格就是以这样的方式形成的，最初是偶然的，以后就逐渐固定下来，并且从此成为劳动时间过长而工资极低的不变基础，而原先这种出售价格却是这些情况所造成的结果。（第 44 卷第 630 页）

㉓ 劳动力总是按一定时期来出卖的。因此，直接表现劳动力的日价值、周价值等等的转化形式，就是"计时工资"的形式，也就是日工资等等。（第 44 卷第 623 页）

㉔ 两件商品，扣除其中耗费掉的生产资料的价值，作为一个劳动小时的产品，值 6 便士，而工人由此得到 3 便士的价格。计件工资实际上不直接表现价值关系。在这里，不是一件商品的价值由体现在其中的劳动时间来计量，相反地，工人耗费的劳动是由他们生产的产品的件数来计量。（第 44 卷第 635 页）

㉕ 在实行计时工资的情况下，劳动由劳动的直接的持续时间来计量；在实行计件工资的情况下，则由在一定时间内劳动所凝结成的产品的数量来计量。（第 44 卷第 635 页）

㉖ 劳动时间本身的价格最终决定于这个等式：日劳动价值 = 劳动力的日价值。因此，计件工资只是计时工资的转化形式。（第

44 卷第 635 页）

㉔ 计件工资给个性提供的较大的活动场所，一方面促进了工人个性的发展，从而促进了自由精神、独立性和自我监督能力的发展；但另一方面也促进了他们之间的互相竞争。因此，计件工资有一种趋势，就是在把个别工资提高到平均水平以上的同时，把这个水平本身降低。但是，在某种计件工资根据长期的传统已经固定下来，因而特别难以降低的地方，雇主就会破例地把计件工资强行转化为计时工资。（第 44 卷第 639 页）

㉕ 计件工资给资本家提供了一个十分确定的计算劳动强度的尺度。只有体现在一个预先规定的并由经验确定的商品量中的劳动时间，才被看作是社会必要劳动时间，并当作这种劳动时间来支付报酬。（第 44 卷第 636 页）既然劳动的质量和强度在这里是由工资形式本身来控制的，那么对劳动的监督大部分就成为多余的了。（第 44 卷第 636 页）

㉖ 劳动的质量是由产品本身来控制的，产品必须具有平均的质量，计件价格才能得到完全的支付。从这方面说，计件工资是克扣工资和进行资本主义欺诈的最丰富的源泉。（第 44 卷第 635—636 页）

争提高了效率时，这个更高的效率就会成为新的社会必要劳动时间的平均效率，资本家也会降低单位产品的报酬，攫取这一竞争的利益㉔。计件形式能够很清楚地从劳动结果中判断工人劳动的刻苦程度，方便了资本家对工人的管理和压榨㉕。计件工资还方便资本家以产品质量为由，克扣工人的工资㉖，并方便实行层层盘剥的包工制^{㉕⑩}。因此，计件工资是最适合资本主义生产方式的工资形式，是延长劳动时间和降低工资的重要手段。[251]

不同国家工人的工资不能直接用汇率换算来比较，一是他们有不同的生活必需品从而有不同的劳动力价值；二是他们有不同的工作日长度；三是他们有不同的劳动生产率和平均劳动强度。[252]

㉕⑩ 一方面，计件工资使资本家和雇佣工人之间的寄生者的中间盘剥即包工制（subletting of labour）更容易实行。中间人的利润完全来自资本家支付的劳动价格和中间人实际付给工人的那部分劳动价格之间的差额。在英国，这种制度有一个特别的称呼"sweating-system"（血汗制度）。另一方面，计件工资使资本家能与工头（在手工工场是组长，在矿井是采煤工人等等，在工厂是真正的机器工人）签订按件计酬的合同，工头按照合同规定的价格自己负责招募帮手和支付给他们工资。在这里，资本对工人的剥削是通过工人对工人的剥削来实现的。（第 44 卷第 636—637 页）

㉕① 计件工资是最适合资本主义生产方式的工资形式。（第 44 卷第 640 页）在大工业的狂飙时期，特别是从 1797 年至 1815 年，计件工资成了延长劳动时间和降低工资的手段。（第 44 卷第 640 页）

㉕② 在比较国民工资时，必须考虑到决定劳动力的价值量的变化的一切因素：自然的和历史地发展起来的首要的生活必需品的价格和范围，工人的教育费用，妇女劳动和儿童劳动的作用，劳动生产率，劳动的外延量和内涵量。即使作最肤浅的比较，首先也要求把不同国家同一行业的平均日工资化为长度相等的工作日。在对日工资作了这样换算以后，还必须把计时工资换算为计件工资，因为只有计件工资才是计算劳动生产率和劳动内涵量的尺度。（第 44 卷第 644—645 页）

㉝ 一个国家的强度较大的工作日，比另一个国家的强度较小的工作日，表现为更大的货币额。（第 44 卷第 600 页）

㉞ 只要生产效率较高的国家没有因竞争而被迫把它们的商品的出售价格降低到和商品的价值相等的程度，生产效率较高的国民劳动在世界市场上也被算作强度较大的劳动。一个国家的资本主义生产越发达，那里的国民劳动的强度和生产率，就越超过国际水平。（第 44 卷第 645 页）

㉟ 货币的相对价值在资本主义生产方式较发达的国家里，比在资本主义生产方式不太发达的国家里要小。由此可以得出结论：名义工资，即表现为货币的劳动力的等价物，在前一种国家会比在后一种国家高；但这决不是说，实际工资即供工人支配的生活资料也是这样。（第 44 卷第 645—646 页）

一个平均劳动强度较大的国家的工作日会比另一个平均劳动强度较小的国家同样时长的工作日，创造更多的价值，表现出更大的货币量㉝。竞争不足的国际垄断，会使生产效率较高的国家的同样时长的工作日与其他国家劳动强度较高的工作日相当，从而前者的产品会高出其价值出售㉞，进而使前者国内的其他产品的价格也偏高。因此，发达国家的物价偏高，劳动力商品的价格即工资的货币额也偏高，但工人的实际生活水平未必更高㉟。

第 14 讲

资本主义再生产

○256 不管生产过程的社会的形式怎样，生产过程必须是连续不断的，或者说，必须周而复始地经过同样一些阶段。一个社会不能停止消费，同样，它也不能停止生产。因此，每一个社会生产过程，从经常的联系和它不断更新来看，同时也就是再生产过程。（第 44 卷第 653 页）

○257 生产的条件同时也就是再生产的条件。任何一个社会，如果不是不断地把它的一部分产品再转化为生产资料或新生产的要素，就不能不断地生产，即再生产。在其他条件不变的情况下，社会在例如一年里所消费的生产资料，即劳动资料、原料和辅助材料，只有在实物形式上为数量相等的新物品所替换，社会才能在原有的规模上再生产或保持自己的财富，这些新物品要从年产品总量中分离出来，重新并入生产过程。因此，一定量的年产品是属于生产的。这部分本来供生产消费之用的产品，就采取的实物形式来说，大多数不适于个人消费。（第 44 卷第 653 页）

○258 资本主义生产过程在本身的进行中，再生产出劳动力和劳动条件的分离。这样，它就再生产出剥削工人的条件，并使之永久化。（第 44 卷第 665—666 页）资本主义生产过程，在联系中加以考察，或作为再生产过程加以考察时，不仅生产商品，不仅生产剩余价值，而且还生产和再生产资本关系本身：一方面是资本家，另一方面是雇佣工人。（第 44 卷第 666—667 页）

社会生产必须不断地进行，才能不断地再生产出消费品，满足人们生存和繁衍的需要○256。而为了生产的不断进行，就需要不断地再生产出生产资料，而不能只生产生活消费品○257。

就资本主义生产而言，不仅需要再生产出生产资料和生活资料，还需要再生产出资本关系的雇佣条件。因为如果工人全部财务自由了或者能够独立谋生了，资本家雇用不到工人，资本主义生产也就维持不下去了○258。为此，资本家支付的工资必须仅限于能够维持工人必要范围的消费[29]，使工人和他们的后代都不得不为了生活一再地向资本家出卖自己的劳动力[30]。[1]

如果资本家将得到的剩余价值全部消费掉，生产过程按照原有规模重复进行，这样的再生产就是简单再生产[31]。

从另一个角度来看，在简单再生产中，资本家实际消费的是与剩余价值相当的部分资本，而把剩余价值替代相等的旧资本部分留在了生产过程中。从而，随着再生产的不断进行，资本家会消费完自己的全部原始资本，留下来的资本则完全是

[29] 工人阶级的个人消费，在绝对必要的限度内，只是把资本用来交换劳动力的生活资料再转化为可供资本重新剥削的劳动力。这种消费是资本家最不可少的生产资料即工人本身的生产和再生产。（第 44 卷第 660 页）

[30] 工人阶级的不断维持和再生产始终是资本再生产的条件。资本家可以放心地让工人维持自己和繁殖后代的本能去实现这个条件。他所操心的只是把工人的个人消费尽量限制在必要的范围之内。（第 44 卷第 660 页）

[31] 剩余价值作为资本价值的周期增加额或处在过程中的资本的周期果实，取得了来源于资本的收入的形式。如果这种收入只是充当资本家的消费基金，或者说，它周期地获得，也周期地消费掉，那么，在其他条件不变的情况下，这就是简单再生产。（第 44 卷第 654 页）

㉖ 预付资本价值除以每年所消费的剩余价值，就可以求出，经过若干年或者说经过若干个再生产期间，原预付资本就会被资本家消费掉，因而消失了。（第44卷第657页）如果某人借了等于自己全部财产的价值的债务而把全部财产耗尽，那么他的全部财产正好只代表他的全部债务的总额。同样，如果资本家把自己预付资本的等价物消费掉，那么这些资本的价值不过只代表他无偿占有的剩余价值的总额。他的原有资本的任何一个价值原子都不复存在了。（第44卷第657页）即使资本在进入生产过程的时候是资本使用者本人挣得的财产，它迟早也要成为不付等价物而被占有的价值，成为无酬的他人劳动在货币形式或其他形式上的化身。（第44卷第658页）

㉖ 把剩余价值当作资本使用，或者说，把剩余价值再转化为资本，叫做资本积累。（第44卷第668页）

㉖ 对过去无酬劳动的所有权，成为现今以日益扩大的规模占有活的无酬劳动的惟一条件。（第44卷第673页）

㉖ 资本主义生产的发展，使投入工业企业的资本有不断增长的必要，而竞争使资本主义生产方式的内在规律作为外在的强制规律支配着每一个资本家。竞争迫使他不断扩大自己的资本来维持自己的资本，而他扩大资本只能靠累进的积累。（第44卷第683页）

由积累的工人创造的剩余价值组成。㉖这个现象在扩大再生产中表现得更为明显。

在扩大再生产中，资本家将上一个生产过程创造的剩余价值的一部分作为追加投资，以资本积累㉖的形式转化为资本，用于扩大生产规模，这表明资本的一部分至少是由工人创造的剩余价值组成的。同样地，随着扩大再生产和资本家的消费活动的不断进行，资本迟早将全部由工人创造的剩余价值积累而成㉖。

扩大再生产是竞争强加给资本家的一个规律，否则资本家会在竞争中落败㉖。虽然扩大再生产使一部分剩余价值不能用于资本家的个人消费，但随着生产的扩大带来更多的剩余价值，资本家的个人消费也增加了，从而谈不上西方经济学所说的资本家为了生产而"禁欲"㉖，甚至为了取得信贷，资本家还要奢侈挥霍，以炫耀自己的富有㉗。真正禁欲的是把剩余价值贡献给资本家，自己只得到微薄报酬的工人㉘。

再生产能够扩大，仅仅有剩余价值可以转化为货币资本是不够的，还必须有扩大再生产所需要的生产资料和增加的工人所需的生活资料。这些物质资料在作为剩余价值载体的剩余商品中就已经存在了㉙。

㉖ 资本由于连续的积累而增加得越多，分为消费基金和积累基金的价值额也就增加得越多。因此，资本家既能过更优裕的生活，又能更加"禁欲"。（第44卷第703页）

㉗ 在一定的发展阶段上，已经习以为常的挥霍，作为炫耀富有从而取得信贷的手段，甚至成了"不幸的"资本家营业上的一种必要。奢侈被列入资本的交际费用。（第44卷第685页）

㉘ 当资本拒绝在工厂的危险机器上安装防护设备，拒绝在矿山中安装通风设备和采取安全措施，对此一概实行禁欲时，就是这样说的。（第44卷第768页）这一切都是资本家的"禁欲"！也就是连勉强糊口所必不可少的生活资料都进行禁欲而不付给他的工人！（第44卷第755页）

㉙ 要积累，就必须把一部分剩余产品转化为资本。但是，如果不是出现了奇迹，能够转化为资本的，只是在劳动过程中可使用的物品，即生产资料，以及工人用以维持自身的物品，即生活资料。所以，一部分年剩余劳动必须用来制造追加的生产资料和生活资料，它们要超过补偿预付资本所需的数量。总之，剩余价值所以能转化为资本，只是因为剩余产品（它的价值就是剩余价值）已经包含了新资本的物质组成部分。（第44卷第670页）

⑦ 资本积累的另一个重要的因素是社会劳动生产率的水平。随着劳动生产力的提高，表现一定价值从而一定量剩余价值的产品量也会提高。（第44卷第697页）

⑦ 科学和技术使执行职能的资本具有一种不以它的一定量为转移的扩张能力。同时，这种扩张能力对原资本中已进入更新阶段的那一部分也发生反作用。资本以新的形式无代价地合并了在它的旧形式背后所实现的社会进步。当然，生产力的这种发展同时会使正在执行职能的资本部分地贬值。只要这种贬值通过竞争被人们痛切地感觉到，主要负担就会落到工人身上，资本家力图用加强对工人剥削的办法来弥补自己的损失。（第44卷第699页）

⑦ 撇开一切偶然的干扰不说，现有资本的一大部分，会不断在再生产过程的进行中或多或少地贬值，因为商品的价值不是由生产商品原来所耗费的劳动时间决定，而是由再生产商品所耗费的劳动时间决定，并且这种时间由于劳动的社会生产力的发展而不断减少。因此，在社会生产率的较高的发展阶段上，一切现有的资本不是表现为资本积累的长期过程的结果，而是表现为相对地说非常短的再生产时间的结果。（第46卷第448页）

由于生产过程所需要的是物质资料和劳动力的使用价值，而不是价值，因此提高劳动生产力来扩大使用价值的生产，就成为扩大再生产和资本积累的重要因素⑦。从而有助于提高劳动生产力的科学和技术，使得资本具有了一种与它的价值量不相称的扩张能力[2]，但同时也会使原有的资本因技术进步而贬值⑦。这个贬值表明，现有的资本不是长期积累的结果，而是短期再生产的结果，也就是说，主要由资本的增量而不是资本的存量组成⑦。

第15讲

资本主义积累的一般规律

㉗ 每一单个资本都是生产资料的或大或小的积聚，并且相应地指挥着一支或大或小的劳动军。每一个积累都成为新的积累的手段。这种积累随着执行资本职能的财富数量的增多而扩大这种财富在单个资本家手中的积聚，从而扩大大规模生产和特殊的资本主义的生产方法的基础。（第 44 卷第 721 页）

㉔ 竞争斗争是通过使商品便宜来进行的。在其他条件不变时，商品的便宜取决于劳动生产率，而劳动生产率又取决于生产规模。因此，较大的资本战胜较小的资本。（第 44 卷第 722 页）

㉕ 竞争的结果总是许多较小的资本家垮台，他们的资本一部分转入胜利者手中，一部分归于消灭。（第 44 卷第 722 页）资本所以能在这里，在一个人手中增长成巨大的量，是因为它在那里，在许多单个人的手中被夺走了。在一个生产部门中，如果投入的全部资本已溶合为一个单个资本时，集中便达到了极限。（第 44 卷第 723 页）

㉖ 通过集中而在一夜之间集合起来的资本量，同其他资本量一样，不断再生产和增大，只是速度更快，从而成为社会积累的新的强有力的杠杆。因此，当人们谈到社会积累的增进时，今天已经默默地把集中的作用包括在内。（第 44 卷第 724 页）

资本积累意味着更多的生产资料在单个资本家手中积聚起来，随着生产规模的扩大，更多的资本积累起来了㉗。同时，较大的资本由于规模效应而具有较高的生产率，这使得它生产的商品的个别价值较低，从而具有竞争优势㉔。小的资本被大资本战胜，许多单个资本开始被集中起来㉕。资本的集中补充了积累的作用，加速了资本的积聚，使工业资本家能够快速扩大自己的经营规模㉖，并提高劳动生产率。

劳动生产率的提高，意味着同量的劳动力会使用和加工数量和价值都更多的生产资料㉗，从而也意味着资本有机构成的提高㉘。在这里，资本有机构成是指在生产过程中，资本的价值构成中的不变资本和可变资本的比例，它是由生产该使用价值的特殊的技术条件所确定的生产资料数量和与之匹配的劳动力数量决定的㉙。

㉗ 就所使用的劳动力来说，生产力的发展也表现在两方面：第一，表现在剩余劳动的增加，即再生产劳动力所必需的必要劳动时间的缩短上。第二，表现在推动一定量资本所使用的劳动力的数量（即工人人数）的减少上。（第 46 卷第 275 页）

㉘ 工人用来进行劳动的生产资料的量，随着工人的劳动生产率的增长而增长。（第 44 卷第 718 页）只要生产资料的量比并入生产资料的劳动力相对增长，这就表示劳动生产率的增长。（第 44 卷第 718 页）资本技术构成的这一变化，即生产资料的量比推动它的劳动力的量相对增长，又反映在资本的价值构成上，即资本价值的不变组成部分靠减少它的可变组成部分而增加。（第 44 卷第 718 页）

㉙ 资本的构成要从双重的意义上来理解。从价值方面来看，资本的构成是由资本分为不变资本和可变资本的比率，或者说，分为生产资料的价值和劳动力的价值即工资总额的比率来决定的。从在生产过程中发挥作用的物质方面来看，每一个资本都分为生产资料和活的劳动力；这种构成是由所使用的生产资料量和为使用这些生产资料而所必需的劳动量之间的比率来决定的。我把前一种构成叫做资本的价值构成，把后一种构成叫做资本的技术构成。二者之间有密切的相互关系。为了表达这种关系，我把由资本技术构成决定并且反映技术构成变化的资本价值构成，叫做资本的有机构成。凡是简单地说资本构成的地方，始终应当理解为资本的有机构成。（第 44 卷第 707 页）

⑳ 由于社会劳动生产率的增进，花费越来越少的人力可以推动越来越多的生产资料，这个规律在不是工人使用劳动资料，而是劳动资料使用工人的资本主义的基础上表现为：劳动生产力越高，工人对他们就业手段的压力就越大，因而他们的生存条件，即为增加他人财富或为资本自行增殖而出卖自己的力气，也就越没有保障。因此，生产资料和劳动生产率比生产人口增长得快这一事实，在资本主义下却相反地表现为：工人人口总是比资本的增殖需要增长得快。（第44卷第743页）资本主义生产方式越是发展，要使用同量劳动力，就需要越来越大的资本量；如果要使用更多的劳动力，那就更是如此。因此，在资本主义的基础上，劳动生产力的提高必然会产生永久性的表面上的工人人口过剩。（第46卷第248页）

⑳ 这些因为分工而变得畸形的可怜的人，离开他们原来的劳动范围就不值钱了，只能在少数低级的、因而始终是人员充斥和工资微薄的劳动部门去找出路。（第44卷第507页）

⑳ 这种劳动力的生活状况降到了工人阶级的平均正常水平以下，正是这种情况使它成为资本的特殊剥削部门的广泛基础。它的特点是劳动时间最长而工资最低。（第44卷第740页）

资本有机构成的提高意味着，同量的资本只需要使用较少的工人。从而在生产资料和劳动生产率比工人人口增长得快的情况下，部分工人也必然会受到机器的排挤，成为失业人口⑳。

受机器排挤的工人再就业的时候，由于此前的分工导致其技能单一，往往只能找无需专业技能的工作岗位，而这类岗位通常是人员充斥和工资微薄的⑳，也是劳动时间最长的⑳。不过，机器对工人的排挤并不总是单向的，资本主义生产的扩大有时也会增加对工人的需求。这样一来，工人的就业就是不稳定的^㉓，是流动的状态^㉔。

正是因为失业人口的存在，资本家的工厂里得以打出"今天工作不努力，明天努力找工作"的标语^㉕。这也表明，资本主义国家是无心消除有利于资本家压迫

㉓ 工厂制度的巨大的跳跃式的扩展能力和它对世界市场的依赖，必然造成热病似的生产，并随之造成市场商品充斥，而当市场收缩时，就出现瘫痪状态。工业的生命按照中常活跃、繁荣、生产过剩、危机、停滞这几个时期的顺序而不断地转换。由于工业循环的这种周期变换，机器生产使工人在就业上并从而在生活上遭遇的没有保障和不稳定状态，成为正常的现象。（第 44 卷第 522 页）工人就这样不断被排斥又被吸引，被赶来赶去，而且被招募来的人的性别、年龄和熟练程度也不断变化。（第 44 卷第 523 页）

㉔ 在现代工业的中心——工厂、制造厂、冶金厂、矿山等等，工人时而被排斥，时而在更大的规模上再被吸引，因此总的说来，就业人数是增加的，虽然增加的比率同生产规模相比不断缩小。在这里，过剩人口处于流动的形式。（第 44 卷第 738 页）

㉕ 工人阶级的一部分从事过度劳动迫使它的另一部分无事可做，反过来，它的一部分无事可做迫使它的另一部分从事过度劳动，这成了各个资本家致富的手段，同时又按照与社会积累的增进相适应的规模加速了产业后备军的生产。（第 44 卷第 733—734 页）

㉘ 过剩的工人人口是积累或资本主义基础上的财富发展的必然产物，但是这种过剩人口反过来又成为资本主义积累的杠杆，甚至成为资本主义生产方式存在的一个条件。（第44卷第728页）

㉗ 一部分农村人口经常准备着转入城市无产阶级或制造业无产阶级的队伍，经常等待着有利于这种转化的条件。（第44卷第740页）

㉘ 第三类是衰败的、流落街头的、没有劳动能力的人。属于这一类的，主要是因分工而失去灵活性以致被淘汰的人，还有超过工人正常年龄的人，最后还有随着带有危险性的机器、采矿业、化学工厂等等的发展而人数日益增多的工业牺牲者，如残疾人、病人、寡妇等等。（第44卷第741—742页）

㉙ 它和相对过剩人口一起，形成财富的资本主义生产和发展的一个存在条件。它是资本主义生产的一项非生产费用，但是，资本知道怎样把这项费用的大部分从自己的肩上转嫁到工人阶级和中等阶级下层的肩上。（第44卷第742页）

㉚ 在一极是财富的积累，同时在另一极，即在把自己的产品作为资本来生产的阶级方面，是贫困、劳动折磨、受奴役、无知、粗野和道德堕落的积累。（第44卷第743—744页）

工人的失业现象的㉖，而且资本家还善于利用外来人口作为潜在的相对过剩人口㉗来对已就业的工人进行施压。

失业人口中有相当一部分人是由于长时间劳累、工伤、职业病等原因而丧失劳动能力的工业牺牲者㉘。他们也是资本主义生产和发展的条件之一，他们的生活费用负担大部分以济贫税等形式转嫁到工人阶级和小资产阶级身上㉙。

因此，资本主义积累的一般规律就是两极分化㉚。尽管资本主义生产力不断发展和提高，但是资本积累使得这些发展的生产力只是为资本家生产剩余价值服务，工人的状况则不断相对恶化甚至绝对恶化^㉑。

资本主义经济以拥有较高生产率的资本主义私有制排斥小生产的个体私有制^㉒，随着资本主义经济的发展即资本主义积累的扩大，进一步被排挤和剥夺的就是在竞争中失败的资本家了^㉓。

资本主义积累的历史趋势是，一方面，生产规模不断扩大，科学技术成为第一生产力，生产的社会化程度不断提高^㉔；另一方面，生产资料日益集中在人数不断减少的资本巨头手里，剥削和压迫

㉛ 一切生产剩余价值的方法同时就是积累的方法，而积累的每一次扩大又反过来成为发展这些方法的手段。由此可见，不管工人的报酬高低如何，工人的状况必然随着资本的积累而恶化。（第 44 卷第 743 页）

㉜ 靠自己劳动挣得的私有制，即以各个独立劳动者与其劳动条件相结合为基础的私有制，被资本主义私有制，即以剥削他人的但形式上是自由的劳动为基础的私有制所排挤。（第 44 卷第 873 页）

㉝ 一旦资本主义生产方式站稳脚跟，劳动的进一步社会化，土地和其他生产资料的进一步转化为社会地使用的即公共的生产资料，从而对私有者的进一步剥夺，就会采取新的形式。现在要剥夺的已经不再是独立经营的劳动者，而是剥削许多工人的资本家了。这种剥夺是通过资本主义生产本身的内在规律的作用，即通过资本的集中进行的。一个资本家打倒许多资本家。（第 44 卷第 873—874 页）

㉞ 规模不断扩大的劳动过程的协作形式日益发展，科学日益被自觉地应用于技术方面，土地日益被有计划地利用，劳动资料日益转化为只能共同使用的劳动资料，一切生产资料因作为结合的、社会的劳动的生产资料使用而日益节省。（第 44 卷第 874 页）

㉕ 随着那些掠夺和垄断这一转化过程的全部利益的资本巨头不断减少，贫困、压迫、奴役、退化和剥削的程度不断加深，而日益壮大的、由资本主义生产过程本身的机制所训练、联合和组织起来的工人阶级的反抗也不断增长。（第44卷第874页）

㉖ 资本的垄断成了与这种垄断一起并在这种垄断之下繁盛起来的生产方式的桎梏。生产资料的集中和劳动的社会化，达到了同它们的资本主义外壳不能相容的地步。（第44卷第874页）

㉗ 资本主义生产总是竭力克服它所固有的这些限制，但是它用来克服这些限制的手段，只是使这些限制以更大的规模重新出现在它面前。资本主义生产的真正限制是资本自身，这就是说：资本及其自行增殖，表现为生产的起点和终点，表现为生产的动机和目的；生产只是为资本而生产，而不是反过来生产资料只是生产者社会的生活过程不断扩大的手段。以广大生产者群众的被剥夺和贫穷化为基础的资本价值的保存和增殖，只能在一定的限制以内运动，这些限制不断与资本为它自身的目的而必须使用的并旨在无限制地增加生产，为生产而生产，无条件地发展劳动社会生产力的生产方法相矛盾。手段——社会生产力的无条件的发展——不断地和现有资本的增殖这个有限的目的发生冲突。因此，如果说资本主义生产方式是发展物质生产力并且创造同这种生产力相适应的世界市场的历史手段，那么，这种生产方式同时也是它的这个历史任务和同它相适应的社会生产关系之间的经常

加大，人民群众的反抗也日益加大㉕。资本主义生产关系成为妨碍生产力进一步发展的桎梏㉖。资本主义生产的真正限制是资本自身㉗。进一步的社会

变革⑱，必然会消灭最后的极少数剥夺者⑲，使生产资料归全社会共同占有，在充分协作的基础上进行社会生产⑳。

的矛盾。（第 46 卷第 278—279 页）

⑱ 由资本形成的一般的社会权力和资本家个人对这些社会生产条件拥有的私人权力之间的矛盾，越来越尖锐地发展起来，并且包含着这种关系的解体，因为它同时包含着把生产条件改造成为一般的、公共的、社会的生产条件。这种改造是由生产力在资本主义生产条件下的发展和实现这种发展的方式决定的。（第 46 卷第 294 页）

⑲ 这个外壳就要炸毁了。资本主义私有制的丧钟就要响了。剥夺者就要被剥夺了。（第 44 卷第 874 页）

⑳ 从资本主义生产方式产生的资本主义占有方式，从而资本主义的私有制，是对个人的、以自己劳动为基础的私有制的第一个否定。但资本主义生产由于自然过程的必然性，造成了对自身的否定。这是否定的否定。这种否定不是重新建立私有制，而是在资本主义时代的成就的基础上，也就是说，在协作和对土地及靠劳动本身生产的生产资料的共同占有的基础上，重新建立个人所有制。（第 44 卷第 874 页）

第16讲

资本形态变化及其循环

㉛ 资本家作为买者出现于商品市场和劳动市场；他的货币转化为商品。（第45卷第31页）

㉜ 货币额G分成两部分，其中一部分购买劳动力，另一部分购买生产资料。这两个购买序列属于完全不同的市场，一个属于真正的商品市场，另一个则属于劳动市场。（第45卷第33页）

㉝ G是货币状态或货币形式的资本价值——货币资本。（第45卷第34页）

㉞ 他以货币形式预付的价值，现在处在一种实物形式中，在这种形式中，它能够作为会生出剩余价值（表现为商品）的价值来实现。换句话说，它处在具有创造价值和剩余价值的能力的生产资料的状态或形式中。（第45卷第34页）

㉟ 生产资料的数量，必须足以吸收劳动量，足以通过这个劳动量转化为产品。如果没有充分的生产资料，买者所支配的超额劳动就不能得到利用；他对于这种超额劳动的支配权就没有用处。如果现有生产资料多于可供支配的劳动，生产资料就不能被劳动充分利用，不能转化为产品。（第45卷第34页）

㊱ 资本家用购买的商品从事生产消费。他作为资本主义商品生产者进行活动；他的资本经历生产过程。结果产生了一种商品，这种商品的价值大于它的生产要素的价值。（第45卷第31页）

资本主义再生产表现了资本的形态变化及其循环。货币转化为资本，意味着资本家手中的货币要转化为商品㉛，即生产资料和劳动力㉜，这样他手中的货币资本㉝就转化为能够带来剩余价值的生产资本形态㉞。在这里，资本家必须根据生产技术的条件为劳动力准备充足的生产资料，否则他就不能最大限度地榨取剩余价值㉟。

转化为生产要素的生产资本，通过劳动者的劳动，生产出其价值量超过所包含的生产要素的价值的商品㊱，生产资本转化为商品资本㉚，并实现了资本的增殖㉚。然后，资本家卖掉生产出来的商品㉚，商品资本重新转化为货币资本㉛，完成了一次货币资本的循环㉛。由于剩余价值也一并从商品形式转化为货币形式㉛，资本家手中的货币更多了。

㉛ 商品，作为直接由生产过程本身产生的已经增殖的资本价值的职能存在形式，就成了商品资本。（第 45 卷第 45 页）

㉛ 产品不只是商品，而且是包含着剩余价值的商品。（第 45 卷第 45 页）

㉛ 资本家作为卖者回到市场；他的商品转化为货币。（第 45 卷第 31 页）

㉛ 资本在商品形式上必须执行商品的职能。构成资本的物品，本来就是为市场而生产的，必须卖掉，转化为货币。（第 45 卷第 46 页）

㉛ 资本价值在过程终结时，又处在它进入过程时的相同的形式中，因而能够重新作为货币资本开始并完成这个过程。正因为这个过程的开始形式和终结形式都是货币资本的形式（G），所以，我们就把这个循环过程的形式叫做货币资本的循环。在终结时发生变化的，不是预付价值的形式，而只是它的量。（第 45 卷第 52 页）

㉛ 第一，资本价值最后再转化为它原来的货币形式，是商品资本的职能。第二，这种职能包含着剩余价值的第一形式转化，即剩余价值由原来的商品形式转化为货币。（第 45 卷第 51 页）

⑬ 资本价值在它的流通阶段所采取的两种形式，是货币资本的形式和商品资本的形式；它属于生产阶段的形式，是生产资本的形式。在总循环过程中采取而又抛弃这些形式并在每一个形式中执行相应职能的资本，就是产业资本。这里所说的产业，包括任何按资本主义方式经营的生产部门。因此，在这里，货币资本，商品资本，生产资本，并不是指这样一些独立的资本种类，这些独立的资本种类的职能形成同样独立的、彼此分离的营业部门的内容。在这里，它们只是指产业资本的特殊的职能形式，产业资本是依次采取所有这三种形式的。（第45卷第60—63页）

⑭ 这种循环表现为货币资本的循环，因为产业资本是以它的货币形式即作为货币资本形成自己总过程的出发点和复归点的。（第45卷第67页）

⑮ 货币在这里不是作为货币花掉，而只是预付，因而只是资本的货币形式，只是货币资本。（第45卷第67页）

⑯ 以实在货币为起点和终点的流通形式 G…G′，最明白地表示出资本主义生产的动机就是赚钱。生产过程只是为了赚钱而不可缺少的中间环节，只是为了赚钱而必须干的倒霉事。〔因此，一切资本主义生产方式的国家，都周期地患一种狂想病，企图不用生产过程作中介而赚到钱。〕（第45卷第67—68页）

⑰ 这个公式已经包含生产资本形式的资本，从而也包含生产资本的循环的形式。（第45卷第41页）

在货币资本的循环中，产业资本依次采用货币资本、生产资本和商品资本[1]的形态⑬，并回归到货币资本形态⑭。这表明，作为资本的货币并不像用于消费的货币那样花掉了，而是预付出去，以便带着更多的货币回归⑮。因此，资本主义生产的动机就是赚钱，它不在乎生产什么，甚至也不在乎要不要生产⑯。

随着货币资本的循环，生产资本和商品资本也发生了循环⑰。生产资本的循环表现为再生产，特别是表示剩余价值的周期再生产㉘。商品资本的循环意味着存在其他资本家通过不断地购买该商品资本对应的商品而使自己的货币资本转化为生产资本㉙，或者存在其他一些人通过花费收入来不断地购买相应的商品用于个人消费㉚。

在产业资本的循环中，货币资本要不断地购买其他商品占有者生产的生产资料，并让自己的工人能够不断购买生活资料，而商品资本也要不断地被其他商品占有者作为生产资料或消费资料购买。因此，产业资本的循环一开始是与各种极其不同的社会生产方式的商品流通交错在一起的㉛。但是，其他社会生产方式的商

㉘ 这个循环表示生产资本职能的周期更新，也就是表示再生产，或者说，表示资本的生产过程是增殖价值的再生产过程；它不仅表示剩余价值的生产，而且表示剩余价值的周期再生产；它表示，处在生产形式上的产业资本不是执行一次职能，而是周期反复地执行职能，因此，过程的重新开始，已由起点本身规定了。（第 45 卷第 75 页）

㉙ 只要生产资料本身至少有一部分是另一些处在循环中的单个资本的商品产品，一个资本的 G—W 就已经包含另一个资本的 W′—G′。（第 45 卷第 101 页）

㉚ 必须弄清楚一个单个资本的形态变化同其他单个资本的形态变化的错综关系，以及一个单个资本的形态变化同总产品中用于个人消费的部分的错综关系。（第 45 卷第 114 页）

㉛ 在产业资本或者作为货币或者作为商品执行职能的流通过程内，产业资本不论作为货币资本还是作为商品资本的循环，是和各种极其不同的社会生产方式的商品流通交错在一起的，只要这些生产方式同时是商品生产。不论商品是建立在奴隶制基础上的生产的产品，还是农民的产品（中国人，印度的佃农），还是公社的产品（荷属东印度），还是国家生产的产品（如在俄罗斯历史早期出现的以农奴制为基础的国家生产），还是半开化的狩猎民族的产品等等，它们都作为商品和货币，同表现产业资本的货币和商品相对立，既进入产业资本的循环，在剩余价值作为

收入花掉时，也进入商品资本所包含的剩余价值的循环，也就是说，进入商品资本的两个流通部门。（第45卷第126页）

㉒　资本主义生产方式的趋势是尽可能使一切生产转化为商品生产；它实现这种趋势的主要手段，正是把一切生产卷入它的流通过程；而发达的商品生产本身就是资本主义的商品生产。产业资本的侵入，到处促进这种转化，同时又促使一切直接生产者转化为雇佣工人。（第45卷第127页）

㉓　机器产品的便宜和交通运输业的变革是夺取国外市场的武器。机器生产摧毁国外市场的手工业产品，迫使这些市场变成它的原料产地。例如东印度就被迫为大不列颠生产棉花、羊毛、大麻、黄麻、靛蓝等。大工业国工人的不断"过剩"，大大促进了国外移民和外国的殖民地化，而这些外国变成宗主国的原料产地，例如澳大利亚就变成羊毛产地。一种与机器生产中心相适应的新的国际分工产生了，它使地球的一部分转变为主要从事农业的生产地区，以服务于另一部分主要从事工业的生产地区。（第44卷第519—520页）

㉔　资本的循环，只有不停顿地从一个阶段转入另一个阶段，才能正常进行。如果资本在第一阶段 G—W 停顿下来，货币资本就会凝结为贮藏货币；如果资本在生产阶段停顿下来，一方面生产资料就会搁置不起作用，另一方面劳动力就会处于失业状态；如果资本在最后阶段 W′—G′ 停顿下来，卖不出去而堆积起来的

品生产并不能很好地符合产业资本自身循环的需要，这就使得资本最终进入这些商品的生产领域，使这些不同的社会生产方式向资本主义生产方式转化㉒，并使得这些后发展地区成为资本的原料产地或商品的销售地，形成"中心—外围"的国际分工㉓，经济全球化便逐渐形成了。

资本的循环只有不停地从一个形态转化为另一个形态，才能正常进行。如果货币资本不能转化为生产资本，货币资本就会滞留成贮藏货币；如果生产资本不能转化为商品资本，生产就会停顿；如果商品资本不能转化为货币资本，商品就会因为卖不出去而堆积起来㉔。当然，资本的循

环也需要在每一个形态停留一定的时间才能完成转化，例如，生产过程需要经历一段时间，采购原料和销售商品也需要一定的流通时间。㉔

资本循环的总过程是生产过程和流通过程的统一㉖。为了提高占有工人劳动和榨取剩余价值的效率，每个单个产业资本都会分成三个部分，并同时处在所有这三种资本形态变化的循环中。也就是说，一部分生产资本转化为商品资本时，另一部分货币资本刚刚转化为生产资本，同时还有一部分商品资本正在完成向货币资本的转化。这样生产和流通都不至于中断㉗。

资本的循环最终会受到它自身的限

商品就会把流通的流阻塞。（第 45 卷第 63 页）

㉕ 理所当然的是，循环本身又要求资本在各个循环阶段中在一定的时间内固定下来。在每一个阶段中，产业资本都被束缚在一定的形式上：货币资本，生产资本，商品资本。产业资本只有在完成一种和它当时的形式相适应的职能之后，才取得可以进入一个新的转化阶段的形式。（第 45 卷第 63 页）

㉖ 总过程表现为生产过程和流通过程的统一；生产过程成为流通过程的中介，反之亦然。（第 45 卷第 116 页）

㉗ 任何一个单个产业资本都是同时处在所有这三种循环中。这三种循环，三种资本形态的这些再生产形式，是连续地并列进行的。例如，现在作为商品资本执行职能的资本价值的一部分，转化为货币资本，但同时另一部分则离开生产过程，作为新的商品资本进入流通。（第 45 卷第 117 页）资本在它的任何一种形式和任何一个阶段上的再生产都是连续进行的，就像这些形式的形态变化和依次经过这三个阶段是连续进行的一样。可见，在这里，总循环是资本的三个形式的现实的统一。（第 45 卷第 117 页）资本作为整体是同时地、在空间上并列地处在它的各个不同阶段上。（第 45 卷第 121 页）

㉘ 资本主义生产方式中的矛盾：工人作为商品的买者，对于市场来说是重要的。但是作为他们的商品——劳动力——的卖者，资本主义社会的趋势是把它的价格限制在最低限度。——还有一个矛盾：资本主义生产全力扩张的时期，通常就是生产过剩的时期；因为生产能力从来没有能使用到这个程度，以致它不仅能够生产更多的价值，而且还能把它实现。商品的出售，商品资本的实现，从而剩余价值的实现，不是受一般社会的消费需求的限制，而是受大多数人总是处于贫困状态、而且必然总是处于贫困状态的那种社会的消费需求的限制。（第45卷第350页脚注）

㉙ 资本家不仅必须形成一个准备资本，以应付价格的变动并等待买卖上最有利的行情；他必须积累资本，以扩大生产，并把技术进步合并到他的生产机体中去。（第45卷第137页）

㉚ 一切现实的危机的最后原因，总是群众的贫穷和他们的消费受到限制，而与此相对比的是，资本主义生产竭力发展生产力，好像只有社会的绝对的消费能力才是生产力发展的界限。（第46卷第548页）

制。资本为了追求自身的增殖，不断地降低劳动力价值和价格，这就使得工人作为消费者的消费能力不断下降㉘。同时，资本家为了积累资本㉙，也会使其消费量低于剩余价值，商品销售必然会遇到困难，生产过剩必然使资本的循环难以为继，然后引发经济危机㉚。

第 17 讲

资本流通与资本周转

货币资本的循环不断进行下去，就形成资本流通(331)。资本循环所经历的全部时间，等于生产时间和流通时间之和(332)。流通时间过长，将会影响资本在生产时间发挥职能(333)，妨碍商品和剩余价值的生产(334)。为了使生产连续不断地进行(335)，

(331) 一个货币额转化为生产资料和劳动力，这是要执行资本职能的价值量所完成的第一个运动。这个运动是在市场上，在流通领域内进行的。运动的第二阶段，生产过程，在生产资料转化为商品时就告结束，这些商品的价值大于其组成部分的价值，也就是包含原预付资本加上剩余价值。接着，这些商品必须再投入流通领域。必须出售这些商品，把它们的价值实现在货币上，把这些货币又重新转化为资本，这样周而复始地不断进行。这种不断地通过同一些连续阶段的循环，就形成资本流通。（第 44 卷第 651 页）

(332) 资本是按照时间顺序通过生产领域和流通领域两个阶段完成运动的。资本在生产领域停留的时间是它的生产时间，资本在流通领域停留的时间是它的流通时间。（第 45 卷第 138 页）

(333) 流通时间的延长和缩短，对于生产时间的缩短或延长，或者说，对于一定量资本作为生产资本执行职能的规模的缩小或扩大，起了一种消极限制的作用。（第 45 卷第 142 页）

(334) 资本在流通时间内不是执行生产资本的职能，因此既不生产商品，也不生产剩余价值。（第 45 卷第 141 页）

(335) 这种连续性本身就是一种劳动生产力。（第 45 卷第 312 页）

产业资本就始终只能有一部分实际加入生产过程(336)。

资本的流通时间分为买的时间和卖的时间(337)，而卖总比买相对困难一些(338)，同时也更重要一些。这是因为卖还决定了生产出来的剩余价值能否实现(339)。同时，

(336) 生产要不间断地进行，产业资本就始终只能有一部分实际上加入生产过程。当一部分处在生产期间的时候，另一部分必须总是处在流通期间。换句话说，资本的一部分，只有在另一部分脱离真正的生产而处于商品资本或货币资本形式的条件下，才能作为生产资本执行职能。忽视这一点，也就完全忽视了货币资本的意义和作用。（第 45 卷第 294 页）如果要使生产在已经转化为商品资本的生产资木的流通时间内不致中断，如果要使生产同时地、一周一周连续地进行，而这样做又没有特别的流动资本可用，那就只有缩小生产规模，减少执行职能的生产资本的流动组成部分，才能办到。（第 45 卷第 287 页）

(337) 资本的流通时间也分成两个部分，即商品转化为货币所需要的时间，和货币转化为商品所需要的时间。（第 45 卷第 143 页）资本由商品到货币和由货币到商品的形式转化，同时就是资本家的交易，即买卖行为。资本完成这些形式转化的时间，从主观上，从资本家的观点来看，就是买卖时间，就是他在市场上执行卖者和买者的职能的时间。（第 45 卷第 146 页）

(338) 卖，是资本形态变化的最困难部分，因此，在通常的情况下，也占流通时间较大的部分。（第 45 卷第 143 页）

(339) 不论是 W—G，还是 G—W，就它们本身看，都只是一定价值由一种形式到另一种形式的转化。但是，W′—G′ 同时是 W′ 所包含的剩余价值的实现。G—W 则不是这样。因此，卖比

买更为重要。（第 45 卷第 144 页）

㉠ 一种商品越容易变坏，因而生产出来越要赶快消费，也就是越要赶快卖掉，它能离开产地的距离就越小，它的空间流通领域就越狭窄，它的销售市场就越带有地方性质。（第 45 卷第 145 页）

㉣ 状态的变化花费时间和劳动力，但不是为了创造价值，而是为了使价值由一种形式转化为另一种形式。（第 45 卷第 147 页）

㉢ 用在买卖上的时间，是一种不会增加转化了的价值的流通费用。这种费用是价值由商品形式转变为货币形式所必要的。（第 45 卷第 150 页）

㉤ 如果一个资本家新投入资本，他就必须把一部分资本投在雇用记账员等等和簿记用品上。如果他的资本已经执行职能，处在不断的再生产过程中，那么，他就必须使他的商品产品的一部分，通过转化为货币，不断再转化为记账员、事务员等等。这部分资本是从生产过程中抽出来的，它属于流通费用，属于总收益的扣除部分。（专门用于这一职能的劳动力本身也包括在内。）（第 45 卷第 152 页）

商品的保质期也决定了商品需要尽快地卖出去㉠。

在资本流通过程中，花费在资本形态转化上的时间所形成的费用㉣，是一种不创造价值的流通费用㉢。这种费用要由剩余价值的扣除来补偿㉤。

由于生产资料的生产不可能与利用生产资料所进行的生产完全匹配，从而相当数量的生产资料必须在流通过程中形成储备㉞。商品储备需要支出保管费用㉝，如果这个储备及其保管费用是社会必要的，那么这些保管费用就加入商品的价值㉞，否则就成为纯粹的扣除㉞。

商品流通中的运输属于生产劳动㉞，

㉞ 生产过程和再生产过程的不断进行，要求相当数量的商品（生产资料）不断处在市场上，也就是形成储备。（第 45 卷第 155 页）

㉝ 储备形成的费用包含：1.产品总量的数量减损（例如，储存面粉时就是这样）；2.质量变坏；3.维持储备所需的对象化劳动和活劳动。（第 45 卷第 166 页）

㉞ 资本在商品资本形式上从而作为商品储备的存在，产生了费用，因为这些费用不属于生产领域，所以算作流通费用。这类流通费用同第一节所说的流通费用的区别在于：它们在一定程度上加入商品价值，因此使商品变贵。（第 45 卷第 156 页）

㉞ 如果储备的形成就是流通的停滞，由此引起的费用就不会把价值加到商品上。（第 45 卷第 163 页）

㉞ 在产品从一个生产场所运到另一个生产场所以后，接着还有完成的产品从生产领域运到消费领域。产品只有完成这个运动，才是现成的消费品。（第 45 卷第 168 页）商品在空间上的流通，即实际的移动，就是商品的运输。运输业一方面形成一个独立的生产部门，从而形成生产资本的一个特殊的投资领域。另一方面，它又具有如下的特征：它表现为生产过程在流通过程内的继续，并且为了流通过程而继续。（第 45 卷第 170 页）

㉞ 运输业所出售的东西，就是场所的变动本身。它产生的效用，是和运输过程即运输业的生产过程不可分离地结合在一起的。旅客和货物是和运输工具一起运行的，而运输工具的运行，它的场所变动，也就是它所进行的生产过程。这种效用只能在生产过程中被消费；它不是一种和生产过程不同的，只有在生产出来之后才作为交易品执行职能，作为商品来流通的使用物。但是，这种效用的交换价值，和任何其他商品的交换价值一样，都是由其中消耗的生产要素（劳动力和生产资料）的价值加上运输工人的剩余劳动所创造的剩余价值决定的。至于这种效用的消费，它也是和其他商品完全一样的。如果它是个人消费的，那么，它的价值就和消费一起消失；如果它是生产消费的，从而它本身就是处于运输中的商品的一个生产阶段，那么，它的价值就作为追加价值转移到商品本身中去。（第45卷第65页）

㉟ 资本的循环，不是当作孤立的过程，而是当作周期性的过程时，叫做资本的周转。（第45卷第174页）

㉛ 资本价值经过的、用它从预付到流回的时间计算的整个循环，形成资本价值的周转，而这个周转所经历的时间形成一个周转期间。（第45卷第340页）

㉜ 我们知道，生产资本的固定组成部分和流动组成部分，是按不同的方式，以不同的期间周转的；我们又知道，同一企业的固定资本的不同组成部分，根据它们的不同的寿命，从而不同的再生产时间，又各有不同的周转期间。（第45卷第204页）

运输工人的劳动既创造价值也创造剩余价值，但它只在社会必要的范围[1]将相应的价值追加到商品上去㉝。

资本的循环被当作周期性的过程时，叫作资本的周转㉟。在货币资本的一次循环中，流动资本可以完成一次周转，但固定资本只转移了部分价值，只能完成部分周转。因此，固定资本与流动资本的周转期间㉛是不同的㉜。当固定资本完成一次周转时，流动资本会完成多次周转，这样周转的资本总量会超过只相当于固定资本与流动资本之和的预付总资本额。这表明当预付资本在价值额上完成一次周转㉝时，流动资本会完成多次周转，而固定资本只完成了部分周转。

不同商品的生产行为持续时间㉞不同，例如，机车制造业也许要劳动 3 个月才能制成一台机车而棉纺业每天都能提供一定量的棉纱。于是，机车制造业付出的原料和工资即流动资本至少要 3 个月（在机车售出后）才能回收，而棉纺业的流动资本很快就能收回来并重新投入生产，于是机车制造业相对棉纺业有较慢的资本周转速度和较大的流动资本的需求。㉟因此，生产行为持续时间长的生产部门，会在较长时间里耗费生产资料和劳动力以及相应的生活资料，但不提供任何可供生产消费

㉝ 在计算预付生产资本的总周转时，我们把它的全部要素固定在货币形式上，这样，回到货币形式就是周转的终结。（第 45 卷第 205 页）

㉞ 生产行为的持续时间，即为提供一件成品，把它作为商品送到市场，从而使它由生产资本转化为商品资本所必须反复进行的劳动过程的持续时间，却有非常明显的差别。（第 45 卷第 255 页）

㉟ 假定机器纺纱厂和机车制造厂使用同量资本，不变资本和可变资本的分割相同，资本的固定部分和流动部分的分割也相同，最后，工作日一样长，工作日分为必要劳动和剩余劳动的比例也一样。其次，为了把由流通过程产生的并且和当前问题无关的一切情况撇开不说，我们假定，棉纱和机车二者都是按照订货生产的，而且在成品交货的时候得到货款。一周以后，纺纱厂主交付棉纱，收回他投入的流动资本和包含在棉纱价值中的固定资本的损耗（在这里，我们撇开剩余价值不说）。因此，他能够重新用同一个资本去重复同一个循环。这个资本完成了自己的周转。机车制造厂主却必须在 3 个月内，每周都把新的资本投在工资和原料上，并且只有过了 3 个月，机车交货以后，在此期间为制造同一个商品而在同一个生产行为中逐渐投入的流动资本，才再处于一种可以重新开始自己的循环的形式；同样地，机器在这 3 个月内的磨损对他来说这时才得到补偿。所以，一个是一周的投资；另一个是一周投资的 12 倍。假定其他一切条件都相同，一个人所使用的流动资本必须是另一个人的 12 倍。（第 45 卷第 256 页）

㉟⑥ 有些事业在较长时间内取走劳动力和生产资料，而在这个时间内不提供任何有效用的产品；而另一些生产部门不仅在一年间不断地或者多次地取走劳动力和生产资料，而且也提供生活资料和生产资料。在社会的生产的基础上，必须确定前者按什么规模进行，才不致有损于后者。在社会的生产中，和在资本主义的生产中一样，在劳动期间较短的生产部门，工人将照旧只在较短时间内取走产品而不提供产品；在劳动期间长的生产部门，则在提供产品之前，在较长时间内不断取走产品。因此，这种情况是由各该劳动过程的物质条件造成的，而不是由这个过程的社会形式造成的。在社会的生产中，货币资本不再存在了。社会把劳动力和生产资料分配给不同的生产部门。生产者也许会得到纸的凭证，以此从社会的消费品储备中，取走一个与他们的劳动时间相当的量。这些凭证不是货币。它们是不流通的。（第45卷第396—397页）

㉟⑦ 生产过程本身也会使劳动过程从而使劳动时间发生中断，在这个间歇期间，劳动对象听任物理过程对它发生作用，而没有人类劳动参加进去。在这种场合，虽然劳动过程从而生产资料作为劳动资料的职能中断了，但生产过程从而生产资料的职能却继续下去。例如，播在地里的谷种，藏在窖中发酵的葡萄酒，许多制造厂（例如制革厂）中听任化学过程发生作用的劳动材料，就是这样。在这里，生产时间比劳动时间长。二者的差，就是生产时间超过劳动时间的部分。（第45卷第139页）

和生活消费的商品。如果这样的部门占有较大的生产比重就有可能造成生产资料和生活资料短缺的经济失衡㉟⑥。[2]

生产时间并不都是劳动时间，例如，藏在窖中发酵的酒处于生产时间但不处于劳动时间㉟⑦。非劳动时间的生产时间里不形成价值⑱，但会继续转移所使用的固定资本的价值⑲。[3] 当然，在这个时间里，资本家不会让工人空闲下来，而是会安排其他工作，继续榨取剩余价值。

在流通时间里，出售时间最有决定意义，商品销售越快，越能节省保管等方面的费用和规避价格变动的风险⑳。交通工具的发展，既缩短了流通中的运输时间，又使开拓远方市场具有了可能性甚至必要性㉑。

⑱ 劳动对象在生产过程本身中必须经历的劳动时间的间歇，既不形成价值，也不形成剩余价值；但它促进产品的完成，成为产品生涯的一部分，是产品必须经过的一个过程。（第 45 卷第 140 页）

⑲ 装置等等的价值，与它们执行职能的全部时间成比例地转移到产品中去。（第 45 卷第 140 页）

⑳ 流通时间的一部分——相对地说最有决定意义的部分——是由出售时间，即资本处在商品资本状态的时间构成的。流通时间，从而整个周转期间，是按照这个时间的相对的长短而延长或缩短的。由于保管费用等等，追加的资本支出也就成为必要的了。（第 45 卷第 276 页）商品流通时间的延长使销售市场上价格变动的风险增加，因为可能发生价格变动的时期延长了。（第 45 卷第 280 页）

㉑ 如果从一方面说，随着资本主义生产的进步，交通运输工具的发展会缩短一定量商品的流通时间，那么反过来说，这种进步以及由于交通运输工具发展而提供的可能性，又引起了开拓越来越远的市场，简言之，开拓世界市场的必要性。运输中的并且是运往远地的商品会大大增长，因而，在较长时间内不断处在商品资本阶段、处在流通时间内的那部分社会资本，也会绝对地和相对地增加。与此同时，不是直接用作生产资料，而是投在交通运输工具以及为运用这些工具所必需的固定资本和流动资本上的那部分社会财富，也会增加。（第 45 卷第 279 页）

第18讲

社会总资本的再生产和流通

㊌ 当我们从单个资本的角度来考察资本的价值生产和产品价值时,商品产品的实物形式,对于分析是完全无关的,例如,不论它是机器,是谷物,还是镜子都行。这始终只是举例而已,任何一个生产部门都同样可以作为例证。我们必须考察的是直接的生产过程本身。这种生产过程,在每一点上,都表现为一个单个资本的过程。说到资本的再生产,我们只要假定,代表资本价值的那部分商品产品,会在流通领域内找到机会再转化为它的生产要素,从而再转化为它的生产资本的形态。同样,我们只要假定,工人和资本家会在市场上找到他们用工资和剩余价值购买的商品。但是,当我们考察社会总资本及其产品价值时,这种仅仅从形式上来说明的方法,就不够用了。产品价值的一部分再转化为资本,另一部分进入资本家阶级和工人阶级的个人消费,这在表现为总资本的结果的产品价值本身内形成一个运动。这个运动不仅是价值补偿,而且是物质补偿,因而既要受社会产品的价值组成部分相互之间的比例的制约,又要受它们的使用价值,它们的物质形态的制约。(第45卷第437—438页)

㊍ 社会的总产品,从而社会的总生产,分成两大部类:I. 生产资料:具有必须进入或至少能够进入生产消费的形式的商品。II. 消费资料:具有进入资本家阶级和工人阶级的个人消费的形式的商品。(第45卷第438—439页)

在单个资本的再生产中主要考察的是价值补偿,而在社会总资本的再生产中还要考察物质补偿㊿,以免生产出来的生产资料和生活资料不能满足再生产的需要。

为了说明社会总资本的再生产和流通,马克思将社会总产品分成生产资料和消费资料两大部类㊱,并相应地把生产部门归并为生产资料的生产部门和消费资料

的生产部门两大类 ㉞。

为了方便阐述，我们先从简单再生产谈起。这不仅是简化分析的需要，也是因为简单再生产是现实生产的一个因素 ㉟。如果不考虑社会总资本中固定资本没有得到实物补偿的那一部分 ㊱，就可以简化

㉞ 这两个部类中，每一部类拥有的所有不同生产部门，总合起来都形成一个单一的大的生产部门：一个是生产资料的生产部门，另一个是消费资料的生产部门。两个生产部门各自使用的全部资本，都形成社会资本的一个特殊的大部类。（第 45 卷第 439 页）

㉟ 既然一方面，在资本主义基础上，没有任何积累或规模扩大的再生产，是一种奇怪的假定，另一方面，生产条件在不同的年份不是绝对不变的（而假定它们是不变的），那么，规模不变的简单再生产就只是表现为一个抽象。前提是：一定价值的社会资本，今年和去年一样，再提供一样多的商品价值，满足一样多的需要，虽然商品的形式在再生产过程中可能改变。但是，只要有积累，简单再生产总是积累的一部分，所以，可以就简单再生产本身进行考察，它是积累的一个现实因素。（第 45 卷第 438 页）

㊱ 在考察单个资本的产品价值时，我们讲过，固定资本因损耗而失去的价值，会转移到在损耗期间生产的商品产品中去，不管这个固定资本在此期间是否有任何部分由于这种价值转移而得到实物补偿。相反地，在这里，在考察社会总产品及其价值时，我们不得不撇开，至少是暂时撇开固定资本在当年因损耗而转移到年产品中去的那部分价值，因为这种固定资本没有在当年重新得到实物补偿。（第 45 卷第 440 页）

出一个简单的数值举例和模型[㊎]，其中 c= 不变资本，v= 可变资本，m= 剩余价值，并且假定剩余价值率 =100%，从而 m=v，数字可以表示几百万元或更多。

Ⅰ. 生产资料的生产：

资本 4000c+1000v=5000，

商品产品 4000c+1000v+1000m= 6000，以生产资料的形式存在。

Ⅱ. 消费资料的生产：

资本 2000c+500v=2500，

商品产品 2000c+500v+500m=3000，以消费资料的形式存在。

概括起来说，全年总商品产品：

Ⅰ. 4000c+1000v+1000m=6000 生

㊍ 我们研究简单再生产，要以下列公式为基础。（第 45 卷第 440 页）

产资料；

Ⅱ. 2000c+500v+500m=3000 消费
资料。

总价值 =9000，按照假定，其中
不包括继续以实物形式执行职能的固定
资本。

在这里，工人劳动新创造的价值
（v+m）只有 3000，从而能够作为工人
和资本家的收入以供工人和资本家用于
个人消费的价值只有 3000，正好对应
3000 消费资料，新生产的 6000 生产
资料必须用于补偿两大部类生产中消耗
掉的 6000c，使得简单再生产能够进行
下去。㊳

㊳ 社会产品的总价值为 9000=6000c+1500v+1500m；换句话
说，6000 再生产出生产资料的价值，3000 再生产出消费资料的
价值。所以，社会收入（v+m）的价值，只是总产品价值的 1/3，
全体消费者即工人和资本家能够从社会总产品中取出和并入他们
的消费基金的，也只是具有这 1/3 的价值额的商品，产品。另一
方面，6000=2/3 产品价值，却是必须用实物来补偿的不变资本的
价值。因此，这个数额的生产资料必须再并入生产基金。（第 45
卷第 483—484 页）

㊈ 我们从两个部类之间的大宗交换开始。(1000v+1000m)I——这些价值以生产资料的实物形式存在于它们的生产者手中——要和2000IIc，即以消费资料的实物形式存在的价值交换。通过这种交换，第II部类的资本家阶级把他们的不变资本=2000从消费资料形式再转化为消费资料的生产资料形式，在这种形式中，不变资本可以重新作为劳动过程的因素，并且为了价值增殖而作为不变的资本价值执行职能。另一方面，通过这种交换，第I部类的劳动力的等价物（1000Iv）和第I部类的资本家的剩余价值（1000Im），在消费资料中实现；二者都由生产资料的实物形式转化为一种可以作为收入来消费的实物形式。（第45卷第442页）

㊉ 在简单再生产中，第I部类的商品资本中的v+m价值额（也就是第I部类的总商品产品中与此相应的比例部分），必须等于不变资本IIc，也就是第II部类的总商品产品中分出来的与此相应的部分；或者说，I（v+m）=IIc。（第45卷第446页）

㊋ 单个资本——即社会资本中独立执行职能、赋有自己生命的任何一个部分——的产品，可以有任何一种实物形式。惟一的条件是，这个产品必须实际具有一种使用形式，一种使用价值，使它有资格在商品世界成为可以流通的一环。（第45卷第482页）

由此可见，第I部类（生产资料部类）必须与第II部类（消费资料部类）发生交换，才能使第I部类的工人和资本家得到2000消费资料用于生活，并使第II部类消耗掉的生产资料2000c得到补偿或更新㊉。这个交换，相比第I部类内部用新生产的4000生产资料补偿已经消耗掉的4000c和第II部类内部用生产出来的1000消费资料满足本部类工人和资本家的个人消费来说，是最主要的社会生产的交换㊋。

由此还可以看到，单个资本可以生产任何一种商品㊋，但就社会总资本来说，其产品的物质形式必须抛开资本家的个人意愿全力满足再生产的需要，这也是有组织的生产优于无组织的市场经济的地方之一�372。

第Ⅰ部类的资本家并不直接与第Ⅱ部类的资本家实行物物交换，而是用货币购买第Ⅱ部类资本家手里的消费资料用于个人消费，同时向自己的工人支付工资，再由工人向第Ⅱ部类的资本家购买消费资料。然后，第Ⅱ部类的资本家用收到的货币向第Ⅰ部类资本家购买生产资料。第Ⅱ部类的资本家也可以先用货币向第Ⅰ部类的资本家购买生产资料，再通过向第Ⅰ部类的工人和资本家出售消费资料收回货币。无论哪种情况，付给工人的工资都在

�372 社会总资本的产品却不是这样。再生产的一切物质要素，都必须以它们的实物形式形成这个产品本身的各个部分。已经消耗的不变资本部分，只有当全部再现的不变资本部分以能够实际作为不变资本执行职能的新生产资料的实物形式在产品中再现的时候，才能由总生产来进行补偿。（第45卷第482页）

㊶ 转化为可变资本的货币资本，即预付在工资上的货币，在货币流通本身中，起着主要的作用，这是因为工人阶级不得不挣一文吃一文，不能给产业资本家提供任何长期的信贷，这样，各个产业部门的资本周转期间尽管有差别，可变资本却要在某一短期内，例如一周，即在比较迅速地反复的期限内，同时在社会的无数不同地点，以货币形式预付（这个期限越短，通过这个渠道一次投入流通的货币总额相对地说也就越小）。在每个进行资本主义生产的国家，这样预付的货币资本在总流通中都占有一个在比例上有决定意义的部分，这尤其是因为，同一些货币在流回起点之前要流过各种渠道，作为无数其他的营业的流通手段来执行职能。（第 45 卷第 461 页）

㊷ 为补偿固定资本的损耗而流回的货币，大部分都是每年，或者甚至在更短的时间内，就再转化为它的实物形式。尽管如此，对每个资本家来说，仍然必须设置折旧基金，以用于经过若干年才一朝到达其再生产期限，从而要全部补偿的那部分固定资本。固定资本中相当大的一部分，由于它们的性质，不可能一部分一部分地进行再生产。此外，在再生产一部分一部分地进行，使已经损坏的部分在较短时间内换新的地方，在这种补偿能够实行之前，必须根据生产部门的特殊性质，事先积累一笔或大或小的货币。为了这个目的，不是拥有随便一个货币额就行，而是必须拥有一定数量的货币额。（第 45 卷第 202 页）

货币流通中起着主要的作用。因此，拖欠工资的行为是有损于社会总资本的整体利益的㉓。

如果引入继续以实物形式执行职能的固定资本，那么为了在它寿命完结时有足够的资金更新，资本家需要计提折旧作为贮藏货币㉔。而当第 II 部类资本家计提折旧时，他向第 I 部类资本家购买的生产资料的价值额会低于他当年已经损耗掉的生产资料的价值，并在折旧提取完毕更新固定资本时，他向第Ⅰ部类资本家购买的生产资料的价值额会高于他当年损耗掉的生产资料的价值，上述简单再生产的关系就会遭到破坏㉟。因此，第Ⅰ部类一定量的生产过剩或产能过剩是有必要的㊱。

㊱ 公式的全部基础，即以不同生产体系之间保持完全的比例性为前提的规模不变的再生产，也就遭到彻底破坏。（第45卷第508页）尽管是规模不变的再生产，但危机——生产危机——还是会发生。（第45卷第524页）

㊲ 再生产的资本主义形式一旦废除，问题就归结如下：寿命已经完结因而要用实物补偿的那部分固定资本（这里是指在消费资料生产中执行职能的固定资本）的数量大小，是逐年不同的。如果在某一年数量很大（像人一样，超过平均死亡率），那在下一年就一定会很小。在其他条件不变的前提下，消费资料年生产所需的原料、半成品和辅助材料的数量不会因此而减少；因此，生产资料的生产总额在一个场合必须增加，在另一个场合必须减少。这种情况，只有用不断的相对的生产过剩来补救；一方面要生产出超过直接需要的一定量固定资本；另一方面，特别是原料等等的储备也要超过每年的直接需要（这一点特别适用于生活资料）。这种生产过剩等于社会对它本身的再生产所必需的各种物质资料的控制。但是，在资本主义社会内部，这种生产过剩却是一个无政府状态的要素。（第45卷第526页）这种过剩本身并不是什么祸害，而是利益；但在资本主义生产下，它却是祸害。（第45卷第525页）

㊲⑦ 剩余产品，剩余价值的承担者，对于它的占有者，第Ⅰ部类的资本家，是不费分文的。他们用不着预付任何货币或商品，就可以得到它。（第45卷第558页）

㊳⑧ 在说明简单再生产的时候，我们的前提是，第Ⅰ部类和第Ⅱ部类的全部剩余价值是作为收入花掉的。但是，事实上，剩余价值的一部分作为收入花掉，另一部分则转化为资本。只有在这个前提下，才有实际的积累。积累是靠牺牲消费来进行的这种一般的说法，不过是和资本主义生产的本质相矛盾的一种幻想，因为这种幻想假定，资本主义生产的目的和动机是消费，而不是剩余价值的攫取和资本化，即积累。（第45卷第566页）

㊴⑨ 在简单再生产的情况下，前提是第Ⅰ部类的全部剩余价值作为收入花掉，即用在第Ⅱ部类的商品上；所以，它只不过是由那种以自己的实物形式重新补偿不变资本Ⅱc的生产资料构成的。因此，为了从简单再生产过渡到扩大再生产，第Ⅰ部类的生产要能够少为第Ⅱ部类制造不变资本的要素，而相应地多为第Ⅰ部类制造不变资本的要素。完成这种过渡往往不是没有困难的，但是，由于第Ⅰ部类的有些产品可以作为生产资料在两个部类起作用这一事实，完成这种过渡就容易些。（第45卷第559页）

如果上述第Ⅰ部类的资本家不把剩余价值全部消费掉，就可以把一部分剩余产品㊲作为追加的生产资料用于扩大本部类的生产㊳，但第Ⅱ部类的资本家就会因为得不到足够的生产资料补偿而使再生产的规模萎缩㊴。如果两个部类都要扩大再生产，第 I 部类的 v+m 就必须大于第 II 部类的 c，其多出来的部分可以同时用来扩大两个部类的再生产㉚。

㉚ 既然把积累作为前提，I（v+m）就大于 IIc，而不像简单再生产那样，和 IIc 相等。（第 45 卷第 580 页）不过，甚至在资本主义积累中，仍然可能发生这样的情况：由于过去的一系列生产期间进行积累的结果，IIc 不仅与 I（v+m）相等，而且甚至大于 I（v+m）。这就是说，第 II 部类的生产过剩了，而这只有通过一次大崩溃才能恢复平衡，其结果是资本由第 II 部类转移到第 I 部类。（第 45 卷第 587—588 页）

第 19 讲

利润和利润率

㊤ 按照资本主义方式生产的每一个商品 W 的价值，用公式来表示是 W=c+v+m。如果我们从这个产品价值中减去剩余价值 m，那么，在商品中剩下的，只是一个在生产要素上耗费的资本价值 c+v 的等价物或补偿价值。（第 46 卷第 30 页）商品价值的这个部分，即补偿所消耗的生产资料价格和所使用的劳动力价格的部分，只是补偿商品使资本家自身耗费的东西，所以对资本家来说，这就是商品的成本价格。（第 46 卷第 30 页）

㊥ 对资本家来说，商品的成本价格必然表现为商品本身的实际费用。（第 46 卷第 30 页）

㊦ 商品使资本家耗费的东西和商品的生产本身所耗费的东西，无疑是两个完全不同的量。商品价值中由剩余价值构成的部分，不需要资本家耗费什么东西，因为它耗费的只是工人的无酬劳动。（第 46 卷第 30 页）商品的资本主义费用是用资本的耗费来计量的，而商品的实际费用则是用劳动的耗费来计量的。（第 46 卷第 33 页）

㊣ 商品的资本主义的成本价格，在数量上是与商品的价值或商品的实际成本价格不同的；它小于商品价值。（第 46 卷第 33 页）

㊢ 我们把成本价格叫作 k，W=c+v+m 这个公式就转化为 W=k+m 这个公式，或者说，商品价值 = 成本价格 + 剩余价值。（第 46 卷第 30 页）

资本主义商品的价值形成公式是 W=c+v+m，其中 W 是商品的价值，c 是商品中所包含的生产资料的价值，v 是分摊在该商品上的工资，m 是分摊在该商品上的剩余价值。在这里，c+v 是资本家为生产商品所耗费的价值量，对他来说，这就是商品的成本价格或生产成本㊤，是他眼中为生产商品所支付的实际费用㊥。但是，商品生产实际消耗的劳动即生产费用㊦或价值，是大于生产成本的㊣，这是因为，商品价值 = 成本价格 + 剩余价值㊢。

剩余价值尽管只来源于可变资本所雇佣的劳动力的剩余劳动，但它被资本家视为来源于全部预付资本 ㊆，并因此取得了资本的利润这个转化形式 ㊇。这个转化不只是文字游戏，它还具有深刻的现实含义：一个企业的利润可以偏离该企业工人创造的剩余价值 ㊈，就像价格可以偏离

㊆ 资本家究竟是为了从可变资本取得利润才预付不变资本，还是为了使不变资本增殖才预付可变资本；他究竟是为了使机器和原料有更大的价值才把货币用在工资上，还是为了对劳动进行剥削才把货币预付在机器和原料上；这件事不管怎样看，对资本家来说，都是无关紧要的。虽然只有可变资本部分才能创造剩余价值，但它只有在另一些部分，即劳动的生产条件也被预付的情况下，才会创造出剩余价值。因为资本家只有预付不变资本才能对劳动进行剥削，因为他只有预付可变资本才能使不变资本增殖，所以在他的心目中，这两种资本就完全混同在一起了。（第46卷第50页）

㊇ 剩余价值，作为全部预付资本的这样一种观念上的产物，取得了利润这个转化形式。因此，一个价值额之所以成为资本，是因为它用来生产利润，换句话说，利润之所以产生出来，是因为有一个价值额被当作资本来使用。如果我们把利润叫作 p，那么，W=c+v+m=k+m 这个公式，就变成 W=k+p 这个公式，也就是商品价值 = 成本价格 + 利润。（第46卷第43—44页）

㊈ 资本家即使低于商品的价值出售商品，也可以得到利润。只要商品的出售价格高于商品的成本价格，即使它低于商品的价值，也总会实现商品中包含的剩余价值的一部分，从而总会获得利润。（第46卷第44—45页）

价值一样[389]；同时，剩余价值除以全部预付资本计算出来的利润率大大低于剩余价值率[390]，从而掩饰了资本对劳动的剥削程度。

由于利润率受不变资本的影响，因此，在剩余价值率即资本对劳动的剥削程度提高[391]，而且利润量也增加时，利

[389] 虽然商品价值超过它的成本价格的余额是在直接生产过程中产生的，但它只是在流通过程中才得到实现，而且由于这个余额在现实中、在竞争中、在现实市场上是否实现，实现到什么强度，都要取决于市场的状况，因此这个余额更容易造成一种假象，好像它来自流通过程。（第46卷第51页）对单个资本家来说，由他本人实现的剩余价值，既取决于对劳动的直接剥削，也取决于互相诈骗的行为。（第46卷第52页）

[390] 用可变资本来计算的剩余价值的比率，叫作剩余价值率；用总资本来计算的剩余价值的比率，叫作利润率。（第46卷第51页）

[391] 剩余价值率降低或者提高，利润率可以提高；剩余价值率提高或者降低，利润率可以降低；剩余价值率提高或者降低，利润率可以不变。（第46卷第81页）

润率可以因为不变资本增长而下降㉜。而一个亏损没有得到利润的资本家也可以同样剥削工人,只要他让工人的劳动时间超过了工人的必要劳动时间,他就攫取了工人的剩余价值,尽管这个剩余价值连同他的一部分本金在与其他资本家的竞争中丧失了㉝。

对不同的国家来说,生产效率较低,从而相对剩余价值较少的国家,剩余价值率可能会低一些[1],但不妨碍由于不变资本的占比相对较少而有较高的

㉜ 剩余价值作为一个总量,第一取决于剩余价值率,第二取决于按这个比率同时使用的劳动量,即取决于可变资本量。从一方面看,前一个因素即剩余价值率提高;从另一方面看,后一个因素即工人人数(相对地或绝对地)减少。只要生产力的发展使所使用劳动的有酬部分减少,它就使剩余价值增加,因为它使剩余价值率提高了;但是,只要它使一定量资本所使用的劳动的总量减少,它就使人数这个在求剩余价值量时和剩余价值率相乘的因素减少。两个每天劳动 12 小时的工人,即使可以只靠空气生活,根本不必为自己劳动,他们所提供的剩余价值量也不能和 24 个每天只劳动 2 小时的工人所提供的剩余价值量相等。因此,就这方面来说,靠提高劳动剥削程度来补偿工人人数的减少,有某些不可逾越的界限;所以,这种补偿能够阻碍利润率下降,但是不能制止它下降。(第 46 卷第 275—276 页)

㉝ 总商品量,即总产品,无论是补偿不变资本和可变资本的部分,还是代表剩余价值的部分,都必须卖掉。如果卖不掉,或者只卖掉一部分,或者卖掉时价格低于生产价格,那么,工人固然被剥削了,但是对资本家来说,这种剥削没有原样实现,这时,榨取的剩余价值就完全不能实现,或者只是部分地实现,资本就可能部分或全部地损失掉。(第 46 卷第 272 页)

㉞ 假定在一个欧洲国家，剩余价值率为 100%，这就是说，工人半天为自己劳动，半天为雇主劳动；在一个亚洲国家，剩余价值率 =25%，这就是说，工人在一天中 4/5 的时间为自己劳动，1/5 为雇主劳动。假定在这个欧洲国家，国民资本的构成是 84c+16v；在这个亚洲国家，国民资本的构成是 16c+84v，因为在那里机器等等用得不多，并且在一定时间内一定量劳动力在生产中消费掉的原料也比较少。这样，我们就会得出以下计算：在这个欧洲国家，产品价值 =84c+16v+16m=116；利润率 =16/100=16%。在这个亚洲国家，产品价值 =16c+84v+21m=121；利润率 =21/100=21%。可见，这个亚洲国家的利润率比这个欧洲国家的利润率高 25% 以上，尽管前者的剩余价值率只有后者的 1/4。（第 46 卷第 168—169 页）

㉟ 工人一生的大部分时间是在生产过程中度过的，所以，生产过程的条件大部分也就是工人的能动生活过程的条件，是工人的生活条件，这些生活条件中的节约，是提高利润率的一种方法。（第 46 卷第 101 页）

利润率㉞，从而对外资具有一定的吸引力。

为了提高利润率，资本家尽力节约成本减少不变资本的使用，不惜恶化工人的工作条件㉟，哪怕对工人的健康造成损害㊟。相反地，没有恒产[2]的工人则不在乎生产资料的浪费㊟。延长劳动时间和提高劳动强度都会增加剩余价值，尽管这时机器会加速磨损，但不会增加这部分已经支出的固定不变资本，虽然原料的用量会有所增加，但总体上会使不变资本相对减少而提高利润率㊟。为了提高利润率，

㊟ 这种节约的范围包括：使工人挤在一个狭窄的有害健康的场所，用资本家的话来说，这叫作节约建筑物；把危险的机器塞进同一些场所而不安装安全设备；对于那些按其性质来说有害健康的生产过程，或对于像采矿业中那样有危险的生产过程，不采取任何预防措施，等等。更不用说缺乏一切对工人来说能使生产过程合乎人性、舒适或至少可以忍受的设备了。从资本主义的观点来看，这会是一种完全没有目的和没有意义的浪费。（第46卷第101页）

㊟ 工人实际上把他的劳动的社会性质，把他的劳动和别人的劳动为一个共同目的的结合，看成一种对他来说是异己的权力；实现这种结合的条件，对他来说是异己的财产，如果他不是被迫节约这种财产，那么浪费一点，对他说来毫无关系。而在属于工人自己的工厂，例如在罗奇代尔的工厂中，情况就完全不是这样。（第46卷第100页）

㊟ 使劳动强化的另一些因素，例如提高机器速度，这些因素固然会在同一时间内消费更多的原料，而就固定资本来说，固然会加速机器的磨损，但是丝毫不会影响固定资本价值和使机器运转的劳动的价格的比率。而特别是延长工作日这一现代工业的发明，会增加所占有的剩余劳动的量，但是不会使所使用的劳动力和它所推动的不变资本的比率发生实质上的变化，实际上反而会使不变资本相对减少。（第46卷第259页）

㊆ 资本有一种趋势，要在直接使用活劳动时，把它缩减为必要劳动，并且要利用劳动的各种社会生产力来不断缩减生产产品所必要的劳动，因而要尽量节约直接使用的活劳动，同样，它还有一种趋势，要在最经济的条件下使用这种已经缩减到必要程度的劳动，也就是说，要把所使用的不变资本的价值缩减到它的尽可能最低限度。如果说商品价值是由商品包含的必要劳动时间决定，而不是由商品一般地包含的劳动时间决定，那么，正是资本才实现这种决定，同时不断地缩短生产商品所需要的社会必要劳动时间。这样一来，商品的价格就缩减到它的最低限度，因为生产商品所需要的劳动的每一个部分都缩减到它的最低限度了。（第46卷第101—102页）

㊏ 即使在原料的价格波动时产品出售领域完全没有发生变化，就是说，即使完全撇开供求关系，原料价格的低廉对工业国来说也是非常重要的。其次，还可以看出，即使撇开对外贸易由于使必要生活资料便宜而对工资产生的任何影响，对外贸易也会影响利润率。这就是说，它会影响工业或农业中所使用的原料或辅助材料的价格。（第46卷第122页）很清楚，废除或减轻原料关税，对工业具有很大的意义。因此，让原料尽可能自由输入，已经成了发展得更合理的保护关税制度的重要原则。（第46卷第122页）

资本家还把活劳动缩减到必要程度[3]，从而不断缩短生产商品所需要的社会必要劳动时间㊆。

显然，降低原料和工人的生活消费品的价格有利于减少资本的支出从而提高利润率，因此，对进口的原料和必要生活资料加征关税从而提高它们的价格会降低本国资本家的利润率，这是对本国而不是对他国的惩罚㊏。不过，利润率的降低虽然威胁到资本主义生产的发展 ⑪，但它也有利于大资本家剥夺小资本家 ⑫。

利润率下降还有助于刺激资本家采用先进的生产技术使本企业商品的个别价值低于社会价值以获得超额利润，但它也同时会刺激资本家采取种种欺诈手段，进行各种冒险 ⑬。而资本家提高利润率的种种

⑪ 就总资本的增殖率，即利润率，是资本主义生产的刺激（因为资本的增殖是资本主义生产的惟一目的）来说，利润率的下降会延缓新的独立资本的形成，从而表现为对资本主义生产过程发展的威胁；利润率的下降在促进人口过剩的同时，还促进生产过剩、投机、危机和资本过剩。（第 46 卷第 270 页）

⑫ 利润量甚至在利润率较低时也会随着所投资本量的增加而增加。但是，这同时需要有资本的积聚，因为这时各种生产条件都要求使用大量资本。这同样需要有资本的集中，即小资本家为大资本家所吞并，小资本家丧失资本。（第 46 卷第 274 页）

⑬ 如果利润率下降，那么一方面，资本就紧张起来，个别资本家就用更好的方法等等把他的单个商品的个别价值压低到它的社会平均价值以下，因而在市场价格已定时赚得额外利润；另一方面，就出现了欺诈，而普遍助长这种欺诈的是狂热地寻求新的生产方法、新的投资、新的冒险。（第 46 卷第 288 页）

⑭ 一种新的生产方式，不管它的生产效率有多高，或者它使剩余价值率提高多少，只要它会降低利润率，就没有一个资本家愿意采用。但每一种这样的新生产方式都会使商品便宜。因此，资本家最初会高于商品的生产价格出售商品，也许还会高于商品的价值出售商品。他会得到他的商品的生产费用和按照较高的生产费用生产出来的其他商品的市场价格之间的差额。他能够这样做，是因为生产这种商品所需要的平均社会劳动时间大于采用新的生产方式时所需要的劳动时间。他的生产方法比平均水平的社会生产方法优越。但是竞争会使他的生产方法普遍化并使它服从一般规律。于是，利润率就下降，——也许首先就是在这个生产部门下降，然后与别的生产部门相平衡，——这丝毫不以资本家的意志为转移。（第46卷第294页）

⑮ 只要增加以后的资本同增加以前的资本相比，只生产一样多甚至更少的剩余价值量，那就会发生资本的绝对生产过剩；这就是说，增加以后的资本 C+△C 同增加 △C 以前的资本 C 相比，生产的利润不是更多，甚至更少了。（第46卷第280页）

⑯ 资本的生产过剩，——不是个别商品的生产过剩，虽然资本的生产过剩总是包含着商品的生产过剩，——仅仅是资本的积累过剩。（第46卷第279—280页）

努力最终会推动利润率趋向下降⑭。

当资本的积累不能导致利润的增加时，就会出现资本的生产过剩⑮[4]，也就是资本的积累过剩⑯，进而还会引起资本主义

生产过剩的混乱 ⑰，并使这种混乱向外扩展 ⑱。但对资本家个人来说，除非他成为世界上唯一的资本家，否则他不会认为自己的资本积累或产能过剩 ⑲。

⑰ 资本的生产过剩，从来仅仅是指能够作为资本执行职能即能够用来按一定剥削程度剥削劳动的生产资料——劳动资料和生活资料——的生产过剩；而这个剥削程度下降到一定点以下，就会引起资本主义生产过程的混乱和停滞、危机、资本的破坏。（第 46 卷第 284—285 页）资本主义生产不是在需要的满足要求停顿时停顿，而是在利润的生产和实现要求停顿时停顿。（第 46 卷第 288 页）

⑱ 在资本主义生产内部，各个生产部门之间的平衡表现为由不平衡形成的一个不断的过程，因为在这里，全部生产的联系是作为盲目的规律强加于生产当事人，而不是作为由他们的集体的理性所把握、从而受这种理性支配的规律来使生产过程服从于他们的共同的控制。这样一来就是又要求资本主义生产方式不发达的国家，按照和资本主义生产方式的国家相适应的程度来进行消费和生产。（第 46 卷第 286 页）

⑲ 就资本家个人来说，他总是按自己所能支配的资本量来计算自己的生产规模，只要他自己对此还能进行监控的话。他所关心的是在市场上占到尽可能大的地盘。如果生产过剩了，他不会归咎于自己，而是归咎于他的竞争者。资本家个人可以通过在现有市场上占有更大的份额，也可以通过扩大市场本身，来扩大自己的生产。（第 46 卷第 758 页）

⑩ 资本的这种生产过剩伴随有相当可观的相对人口过剩，这并不矛盾。使劳动生产力提高、商品产量增加、市场扩大、资本在量和价值方面加速积累和利润率降低的同一些情况，也会产生并且不断地产生相对的过剩人口，即过剩的工人人口，这些人口不能为过剩的资本所使用，因为他们只能按照很低的劳动剥削程度来使用，或者至少是因为他们按照一定的剥削程度所提供的利润率已经很低。（第 46 卷第 285 页）

⑪ 生产力的发展，如果会使工人的绝对人数减少，就是说，如果实际上能使整个国家在较少的时间内完成自己的全部生产，它就会引起革命，因为它会断绝大多数人口的活路。在这里，资本主义生产的特有限制又出现了，资本主义生产决不是发展生产力和生产财富的绝对形式，它反而会在一定点上和这种发展发生冲突。这种冲突部分地出现在周期性危机中，这种危机是由于工人人口中时而这个部分时而那个部分在他们原来的就业方式上成为过剩所引起的。（第 46 卷第 293 页）

资本的生产过剩会伴随有相当可观的相对人口过剩⑩，严重时有可能会引起革命⑪。这种过剩不是绝对的，而是相对的，毕竟要让广大人民群众过上共同富裕的生活还需要生产更多的东西。⑫

⑫ 如果有人说生产过剩只是相对的，这是完全正确的；但是整个资本主义生产方式也只是相对的生产方式，它的限制不是绝对的，然而对这种生产方式来说，在这种生产方式的基础上，则是绝对的。否则，人民群众缺乏的那些商品，怎么会没有需求呢；为了能在国内支付工人平均程度的必要生活资料量，却必须到国外、到远方市场去寻找这种需求，这种事情又怎么可能发生呢？因为只是在这种独特的、资本主义的关系中，剩余产品才具有这样一种形式：剩余产品的所有者只有在这种产品对他来说再转化为资本的时候，才能让这种产品由消费去支配。（第 46 卷第 286 页）不是财富生产得太多了。而是资本主义的、对立的形式上的财富，周期地生产得太多了。（第 46 卷第 287 页）

第 20 讲

价值转形为生产价格

⑬ 因为不同生产部门按百分比考察的资本，——或者说，等量资本，——是按不同比率分为不变要素和可变要素的，它们所推动的活劳动不等，因而所创造的剩余价值从而利润也不等，所以，它们的利润率，即那个正好由剩余价值对总资本用百分比计算得出的利润率也就不同。（第46卷第167页）

⑭ 社会劳动生产力在每个特殊生产部门的特殊发展，在程度上是不同的，有的高，有的低，这和一定量劳动所推动的生产资料量成正比，或者说，和一定数目的工人在工作日已定的情况下所推动的生产资料量成正比，也就是说，和推动一定量生产资料所需要的劳动量成反比。因此，我们把那种同社会平均资本相比，不变资本占的百分比高，从而可变资本占的百分比低的资本，叫作高构成的资本。反之，把那种同社会平均资本相比，不变资本比重小，而可变资本比重大的资本，叫作低构成的资本。最后，我们把那种和社会平均资本有同样构成的资本，叫作平均构成的资本。（第46卷第183页）

⑮ 资本会从利润率较低的部门抽走，投入利润率较高的其他部门。通过这种不断的流出和流入，总之，通过资本在不同部门之间根据利润率的升降进行的分配，供求之间就会形成这样一种比例，使不同的生产部门都有相同的平均利润。（第46卷第218页）

由于资本的有机构成不同，在商品按价值出售的情况下，相等的剩余价值率会产生不等的利润率⑬，资本有机构成越高⑭，利润率越低。在这种情况下，资本就会从利润率低的部门流动到利润率高的部门，从而使前者的商品出售价格因竞争减缓而高于价值，利润率有所提高，而后者的商品出售价格因竞争加剧而低于价值，利润率有所下降。于是，在所有的资本家都追求利润率最大化的情况下，资本自由流动的后果是，有机构成不同的资本也可以获得相等的利润率⑮。

资本有机构成不同的部门要获得相等的利润率，它们的商品的出售价格就会偏离其价值。这个由相等的平均利润率或一般利润率决定的商品价格就是商品的生产价格，它等于商品的成本价格加上分摊在该商品上的平均利润⑯。

　　价值得以向生产价格转形并使后者取代前者成为市场价格变动的中心⑰，

⑯ 不同生产部门中占统治地位的利润率，本来是极不相同的。这些不同的利润率，通过竞争而平均化为一般利润率，而一般利润率就是所有这些不同利润率的平均数。按照这个一般利润率归于一定量资本（不管它的有机构成如何）的利润，就是平均利润。一个商品的价格，如等于这个商品的成本价格，加上生产这个商品所使用的资本（不只是生产它所消费的资本）的年平均利润中根据这个商品的周转条件归于它的那部分，就是这个商品的生产价格。（第 46 卷第 177 页）

⑰ 市场价值，一方面，应看作一个部门所生产的商品的平均价值，另一方面，又应看作是在这个部门的平均条件下生产的并构成该部门的产品很大数量的那种商品的个别价值。只有在特殊的组合下，那些在最坏条件下或在最好条件下生产的商品才会调节市场价值，而这种市场价值又成为市场价格波动的中心，不过市场价格对同类商品来说是相同的。（第 46 卷第 199 页）这里关于市场价值所说的，也适用于生产价格，只要把市场价值换成生产价格就行了。生产价格是在每个部门中调节的，并且是按照特殊的情况调节的。不过它本身又是一个中心，日常的市场价格就是围绕着这个中心来变动，并且在一定时期内朝这个中心来拉平的。（第 46 卷第 200 页）

⑱　商品按照它们的价值或接近于它们的价值进行的交换，比那种按照它们的生产价格进行的交换，所要求的发展阶段要低得多。按照它们的生产价格进行的交换，则需要资本主义的发展达到一定的高度。（第46卷第197页）

⑲　全部困难是由这样一个事实产生的：商品不只是当作商品来交换，而是当作资本的产品来交换。这些资本要求从剩余价值的总量中，分到和它们各自的量成比例的一份，或者在它们的量相等时，要求分到相等的一份。（第46卷第196页）

⑳　大工业通过它的不断更新的生产革命，使商品的生产费用越降越低，并且无情地排挤掉以往的一切生产方式。（第46卷第1026页）它还使不同商业部门和工业部门的利润率平均化为一个一般的利润率，最后，它在这个平均化过程中保证工业取得应有的支配地位，因为它把一向阻碍资本从一个部门转移到另一个部门的绝大部分障碍清除掉。这样，对整个交换来说，价值转化为生产价格的过程就大致完成了。（第46卷第1027页）竞争首先在一个部门内实现的，是使商品的不同的个别价值形成一个相同的市场价值和市场价格。但只有不同部门的资本的竞争，才能形成那种使不同部门之间的利润率平均化的生产价格。这后一过程同前一过程相比，要求资本主义生产方式有更高的发展。（第46卷第201页）

是因为商品经济发展到资本主义阶段⑱时生产资料的所有者从劳动者转变为非劳动者，从而商品交换规则从劳动者方面转向非劳动者方面⑲，同时妨碍资本自由流动即自由投资的障碍得到了清除⑳。这样一来，与以前的剥削者不同，资本家的剥削收入不仅来自对他直接雇用的工人的剥削，而且来自对全体工人阶级的剥削⑭，从而在资本主义社会中阶级对立也表现得特别明显⑭。

价值向生产价格转形只是剩余价值的再分配⑭，而成本价格因为已经预付，所以

㊃ 虽然不同生产部门的资本家在出售自己的商品时收回了生产这些商品所用掉的资本价值，但是他们不是得到了本部门生产这些商品时所生产的剩余价值从而利润，而只是得到了社会总资本在所有生产部门在一定时间内生产的总剩余价值或总利润均衡分配时归于总资本的每个相应部分的剩余价值从而利润。（第46卷第177页）如果资本家按商品的生产价格出售他的商品，他就取回相当于他在生产上所耗费的资本的价值量的货币，并且比例于他的只是作为社会总资本的一定部分的预付资本取得利润。他的成本价格是特殊的。加在这个成本价格上的利润，不以他的特殊生产部门为转移，而只是归于每100预付资本的平均数。（第46卷第178页）

㊂ 每一单个资本家，同每一个特殊生产部门的所有资本家总体一样，参与总资本对全体工人阶级的剥削，并参与决定这个剥削的程度，这不只是出于一般的阶级同情，而且也是出于直接的经济利益，因为在其他一切条件（包括全部预付不变资本的价值）已定的前提下，平均利润率取决于总资本对总劳动的剥削程度。（第46卷第219页）

㊄ 利润只是按社会资本计算的剩余价值，因而就社会范围来说，利润量，利润的绝对量，同剩余价值的绝对量相等。（第46卷第242页）商品的价值等于生产商品时用掉的资本加上包含在商品中的剩余价值，商品的生产价格则等于生产商品时用掉的资本 k 加上按一般利润率归于它的剩余价值。（第46卷第974页）

㉔ 无论商品的成本价格能够怎样偏离商品中所消费的生产资料的价值，这个过去的误差对资本家来说是无关紧要的。商品的成本价格是既定的，它是一个不以他即资本家的生产为转移的前提，而资本家生产的结果则是一个包含剩余价值的商品，也就是一个包含超过商品成本价格的价值余额的商品。（第46卷第185页）商品的成本价格，只是涉及商品中包含的有酬劳动的量；价值，是涉及商品中包含的有酬劳动和无酬劳动的总量；生产价格，是涉及有酬劳动加上不以特殊生产部门本身为转移的一定量无酬劳动之和。（第46卷第185页）

㉕ 加入某种商品的剩余价值多多少，加入另一种商品的剩余价值就少多少，因此，商品生产价格中包含的偏离价值的情况会互相抵消。总的说来，在整个资本主义生产中，一般规律作为一种占统治地位的趋势，始终只是以一种极其错综复杂和近似的方式，作为从不断波动中得出的、但永远不能确定的平均数来发生作用。（第46卷第181页）

㉖ 一切不同生产部门的利润的总和，必然等于剩余价值的总和；社会总产品的生产价格的总和，必然等于它的价值的总和。（第46卷第193页）

㉗ 既然商品的总价值调节总剩余价值，而总剩余价值又调节平均利润从而一般利润率的水平，——这是一般的规律，也就是支配各种变动的规律，——那么，价值规律就调节生产价格。（第46卷第201页）

是不会再分配的㉔。有机构成较高的资本在利润中多得的剩余价值，就是有机构成较低的资本在利润中少得的剩余价值㉕。因此，所有资本的利润总和，必然等于剩余价值的总和；社会总产品的生产价格总和，必然等于它的价值总和。㉖虽然生产价格是由价值规律从而是由价值决定的㉗，但它不是由单个商品的价值决定的，而是由所有商品的总价值决定的⑧。

每一个资本家不仅力求实现平均利润㊽[1]，而且总是力图通过加强剥削来获得超额利润㊼。如果某个部门处于最好的生产条件下，能够通过某种垄断妨碍资本

㊷ 商品生产价格的一切变动最终都可以归结为价值的变动，但并不是商品价值的一切变动都要表现为生产价格的变动，因为生产价格不只是由特殊商品的价值决定，而且还由一切商品的总价值决定。因此，商品 A 的变动可以由商品 B 的相反的变动抵消，以致一般关系仍保持不变。（第 46 卷第 228 页 ）

㊸ 一切资本，不管它们本身生产多少剩余价值，都力求通过它们的商品的价格来实现平均利润，而不是实现这个剩余价值，也就是说，力求实现生产价格。（第 46 卷第 194 页 ）

㊹ 一个资本家或一定生产部门的资本，在对他直接雇用的工人的剥削上特别关心的只是：或者通过例外的过度劳动，或者通过把工资降低到平均工资以下的办法，或者通过所使用的劳动的例外生产率，可以获得一种额外利润，即超出平均利润的利润。（第 46 卷第 219 页 ）

㉛ 市场价值（关于市场价值所说的一切，加上必要的限定，全都适用于生产价格）包含着每个特殊生产部门中在最好条件下生产的人所获得的超额利润。把危机和生产过剩的情况完全除外，这一点也适用于所有的市场价格，而不管市场价格同市场价值或市场生产价格有多大的偏离。就是说，市场价格包含这样的意思：对同种商品支付相同的价格，虽然这些商品可以在极不相同的个别条件下生产出来，因而会有极不相同的成本价格。（这里我们不说那种普通意义上的垄断——人为垄断或自然垄断——所产生的超额利润。）此外，超额利润还能在下列情况下产生出来：某些生产部门可以不把它们的商品价值转化为生产价格，从而不把它们的利润化为平均利润。（第 46 卷第 221 页）

㉜ 一旦资本主义生产发展到一定的程度，各个部门的不同利润率平均化为一般利润率，也就决不只是通过市场价格对资本的吸引作用和排斥作用来实现了。在平均价格和与之相适应的市场价格确立一段时期之后，各个资本家意识到，在这种平均化中某些差别会互相抵消，因此，他们会立即把这些差别包括在他们的互相计算中。这些差别存在于资本家的观念中，并被他们作为补偿理由加入计算。（第 46 卷第 232 页）

㉝ 一个资本，由于商品在生产过程中停留的时间较久，或者由于商品必须在很远的市场上出售，周转较慢，然而它还是会把由此失去的利润捞回，就是说，它会靠加价得到补偿。（第 46 卷第 232 页）

的自由流动，就有可能获得超额利润㊶。利润率的平均化使得资本家习惯于通过价格的调整来弥补利润上的差别㊷。例如，窖藏时间长的酒有更高的价格，不是因为有超额利润，而是因为周转较慢，补偿的平均利润较多㊸[2]。那些要冒较大风险的投资，也是如此⁴³⁴。

　　工资的变化不会引起价值的变化，但会引起生产价格的变化。工资提高时，有机构成较低的商品，生产价格上涨；有机

　　⑬那些要冒较大风险的投资，例如航运业的投资，也会靠加价得到补偿。一旦资本主义生产发展起来并且与此同时保险事业发展起来，风险对一切生产部门来说实际上都一样了（见柯贝特的著作）；风险较大的部门要支付较高的保险费，但会从它们的商品的价格中得到补偿。这一切在实际上可以归结为：每一种可以使某一投资获利较少而使另一投资获利较多的情况，——在一定限度内所有投资都被看作是同样必要的，——都会被作为永远有效的补偿理由加入计算，用不着总是要重新靠竞争活动来证明这个动机或计算因素的合理性。资本家只是忘记了，——或者不如说没有看到，因为竞争没有向他表明这一点，——他们在互相计算不同生产部门的商品价格时彼此提出的这一切补偿理由，只是基于这样一点：所有资本家都按照他们资本的比例，对共同的掠夺物即全部剩余价值，拥有同样大的权益。相反，因为他们收进的利润和他们榨取的剩余价值不相等，所以他们以为，这些补偿理由似乎并不是使全部剩余价值的分享平均化，而是创造利润本身，因为利润似乎只是来自于根据这种或那种理由对商品成本价格的加价。（第 46 卷第 232—233 页）

⑬ 由于工资提高25%：1. 对于社会平均构成的资本来说，商品的生产价格保持不变；2. 对于较低构成的资本来说，商品的生产价格提高了，虽然不是按照利润降低的比例而提高；3. 对于较高构成的资本来说，商品的生产价格降低了，虽然也不是按照利润降低的比例而降低。因为平均资本的商品的生产价格保持不变，和产品的价值相等，所以一切资本的产品的生产价格的总额也保持不变，和总资本所生产的价值的总额相等；一方面的提高，和另一方面的降低，对总资本来说，会平均化为社会平均资本的水平。（第46卷第223—224页）

⑭ 工资一般降低的结果，是剩余价值和剩余价值率的一般提高，并且在其他条件不变的情况下，还有利润率的一般提高，虽然比例不同；对低构成的资本所生产的商品来说，生产价格会降低，对高构成的资本所生产的商品来说，生产价格会提高。这和工资一般提高时的结果恰好相反。在这两个场合，——工资提高的场合和工资降低的场合，——我们都假定工作日不变，一切必要生活资料的价格也不变。因此，在这里，工资只有在它原来就高于劳动正常价格的情况下，或在被压低到这个价格以下的情况下，才可能降低。（第46卷第225—226页）

构成较高的商品，生产价格下降⑮。反之亦然⑯。

社会劳动生产率的提高，从而社会资本有机构成的提高，意味着一般利润率

⑭⑦ 资本主义生产，随着可变资本同不变资本相比的日益相对减少，使总资本的有机构成不断提高，由此产生的直接结果是：在劳动剥削程度不变甚至提高的情况下，剩余价值率会表现为一个不断下降的一般利润率。（第 46 卷第 237 页）因此，一般利润率日益下降的趋势，只是劳动的社会生产力日益发展在资本主义生产方式下所特有的表现。这并不是说利润率不能由于别的原因而暂时下降，而是根据资本主义生产方式的本质证明了一种不言而喻的必然性：在资本主义生产方式的发展中，一般的平均的剩余价值率必然表现为不断下降的一般利润率。（第 46 卷第 237 页）

⑭⑧ 利润率趋向下降，和剩余价值率趋向提高，从而和劳动剥削程度趋向提高是结合在一起的。因此，最荒谬的莫过于用工资率的提高来说明利润率的降低了，虽然这种情况在例外的场合也是存在的。（第 46 卷第 267 页）利润率下降，不是因为劳动的生产效率降低了，而是因为劳动的生产效率提高了。剩余价值率提高和利润率降低，这二者只是劳动生产率的提高在资本主义下借以表现的特殊形式。（第 46 卷第 267 页）

⑭⑨ 必然有某些起反作用的影响在发生作用，来阻挠和抵消这个一般规律的作用，使它只有趋势的性质，因此，我们也就把一般利润率的下降叫作趋向下降。（第 46 卷第 258 页）

的下降⑭⑦和剩余价值率的提高⑭⑧。但也有些起反作用的因素在阻挠一般利润率的下降⑭⑨，其中最主要的因素是经济危机。它使得现有资本贬值，以至于按贬值后的

⑭ 总的说来，矛盾在于：资本主义生产方式包含着绝对发展生产力的趋势，而不管价值及其中包含的剩余价值如何，也不管资本主义生产借以进行的社会关系如何；而另一方面，它的目的是保存现有资本价值和最大限度地增殖资本价值（也就是使这个价值越来越迅速地增加）。它的独特性质是把现有的资本价值用作最大可能地增殖这个价值的手段。它用来达到这个目的的方法包含着：降低利润率，使现有资本贬值，靠牺牲已经生产出来的生产力来发展劳动生产力。（第 46 卷第 278 页）

资本来计算，利润率得以提高和恢复⑭。

第 21 讲

商人资本

⑭ 商人资本或商业资本分为两个形式或亚种，即商品经营资本和货币经营资本。（第46卷第297页）就社会总资本来说，它的一部分总是作为商品处在市场上，以便转化为货币，虽然这部分的构成要素不断改变，甚至数量也在变化；另一部分则以货币形式处在市场上，以便转化为商品。社会总资本总是处在这种转化即这种形态变化的运动中。只要处在流通过程中的资本的这种职能作为一种特殊资本的特殊职能独立起来，作为一种由分工赋予特殊一类资本家的职能固定下来，商品资本就成为商品经营资本或商业资本。（第46卷第297—298页）

⑫ 麻布商人用3000镑买进30000码麻布；他把这30000码麻布卖掉，为的是从流通中取回货币资本（3000镑加上利润）。因此，这里两次换位的不是同一货币，而是同一商品；这个商品从卖者手中转到买者手中，又从现在已经成为卖者的买者手中转到另一个买者手中。（第46卷第302页）

⑬ 如果在购买麻布时货币只是执行支付手段的职能，商人要在进货后6个星期才支付，而如果他在到期以前已经把麻布卖掉，那么，他自己已用不着预付货币资本，就能够对麻布生产者实行支付了。如果他没有把麻布卖掉，他就必须在到期的时候预付3000镑，不过用不着在麻布交货的时候立即付款；而且，如果市场价格下降，他只好低于购买价格出售麻布，这样，他就必须用他自己的资本来弥补亏损的部分。（第46卷第302—303页）

商人资本（商业资本）有商品经营资本和货币经营资本两种形式。社会总资本与个别产业资本一样，也是分为货币资本、生产资本、商品资本三个部分，并且总是处在它们之间交替转换的运动中。只要处于流通过程中的货币资本或商品资本的职能独立出来成为某一类资本家的特殊职能，它们就形成商人资本⑭。

商业资本家可以用货币买进商品再售出⑫，也可以赊购或部分赊购商品售出后再付款，而无须在购买商品时立即全额付款⑬。同一商业资本还可以在其周转过程中购买和售出不同产业资本生产的不同商品⑷。

　　商人资本既不创造价值，也不创造剩余价值，但它有助于缩短流通时间，节省社会总资本在流通过程中滞留的部分，从而间接地有助于产业资本家生产更多的剩余价值⑷，并瓜分多出来的剩余价值作为自己的利润。这个商业利润等于商人售出商品的价格与其购买价格之间的差额⑷。由于商人资本参与剩余价值到平均利润的平均化⑷，因而这个差额要使得

⑷ 同一商人资本的周转，还可以同样有效地对不同生产部门的各个资本的周转起中介作用。（第 46 卷第 308 页）

⑷ 商人资本既不创造价值，也不创造剩余价值，就是说，它不直接创造它们。但既然它有助于流通时间的缩短，它就能间接地有助于产业资本家所生产的剩余价值的增加。既然它有助于市场的扩大，并对资本之间的分工起中介作用，因而使资本能够按更大的规模来经营，它的职能也就提高产业资本的生产效率和促进产业资本的积累。既然它缩短流通时间，它也就提高剩余价值对预付资本的比率，也就是提高利润率。既然它把资本的一个较小部分作为货币资本束缚在流通领域中，它就增大了直接用于生产的那部分资本。（第 46 卷第 312 页）

⑷ 商人只能从他所出售的商品的价格中获得他的利润，更清楚的是，他出售商品时赚到的这个利润，必然等于商品的购买价格和它的出售价格之间的差额，必然等于后者超过前者的余额。（第 46 卷第 314—315 页）

⑷ 商人资本虽然不参加剩余价值的生产，但参加剩余价值到平均利润的平均化。因此，一般利润率已经意味着从剩余价值中扣除了属于商人资本的部分，也就是说，对产业资本的利润作了一种扣除。（第 46 卷第 319 页）

⑭ 因为产业资本的流通阶段，和生产一样，形成再生产过程的一个阶段，所以在流通过程中独立地执行职能的资本，也必须和在各不同生产部门中执行职能的资本一样，提供年平均利润。如果商人资本比产业资本带来百分比更高的平均利润，那么，一部分产业资本就会转化为商人资本。如果商人资本带来更低的平均利润，那么就会发生相反的过程。（第 46 卷第 314 页）以平均利润的形式归商人资本所有的剩余价值，是总生产资本所生产的剩余价值的一部分。（第 46 卷第 314 页）

⑭⑨ 不管这些流通费用属于什么种类，不管它们是从纯粹的商人业务本身中产生的，因而属于商人的特有的流通费用，还是代表那些由事后在流通过程中加进的生产过程如发送、运输、保管等等所产生的费用，它们总是以下面这一点为前提：商人除了为购买商品而预付的货币资本以外，总是还要预付一个追加的资本，用来购买和支付这种流通手段。如果这个成本要素是由流动资本构成的，它就全部作为追加要素加入商品的出售价格，如果这个成本要素是由固定资本构成的，它就按照自己损耗的程度，作为追加要素加入商品的出售价格；不过，这样一个要素，即使它和纯粹的商业流通费用一样不形成商品价值的实际追加，也会作为一个形成名义价值的要素加入商品的出售价格。但是，这全部追加资本不管是流动的还是固定的，都会参加一般利润率的形成。（第 46 卷第 321 页）

商人资本能够获得平均利润⑭。此外，这个差额还要补偿商人资本所花费的流通费用⑭。

商业工人不创造价值，但也付出了劳动。他的有酬劳动即工资是参照产业工人的必要劳动来决定的，他同样为商业资本家提供无酬劳动。这个无酬劳动不形成剩余价值，但为商业资本家提供利润。其金额相当于他帮助商业资本家从产业资本家那里瓜分来的利润减去相应的流通费用和

他的工资 ⁴⁵⁰。

商业利润并不来源于对购买价格的加价 ⁴⁵¹，不会随着商品转手次数的增加而增加 ⁴⁵²，而产业利润不同，在其他一切条件不变时，周转次数的增加会带来剩余价值和利润的增加 ⁴⁵³。商人资本的周转速度

⑤ 商业工人不直接生产剩余价值。但是，他的劳动的价格是由他的劳动力的价值决定的，也就是由他的劳动力的生产费用决定的，而这个劳动力的应用，作为一种发挥，一种力的表现，一种消耗，却和任何别的雇佣工人的情况一样，是不受他的劳动力的价值限制的。因此，他的工资并不与他帮助资本家实现的利润量保持任何必要的比例。资本家为他支出的费用，和他带给资本家的利益，是不同的量。他给资本家带来利益，不是因为他直接创造了剩余价值，而是因为他在完成劳动——一部分是无酬劳动——的时候，帮助资本家减少了实现剩余价值的费用。（第46卷第334—335页）

⑤ 商人的出售价格之所以高于购买价格，并不是因为出售价格高于总价值，而是因为购买价格低于总价值。（第46卷第319页）

⑤ 总产业资本的周转次数越多，利润量或一年内生产的剩余价值量也就越大，因此，在其他条件不变时，利润率也就越高。商人资本的情况却不是这样。对商人资本来说，利润率是一个已定的量，一方面由产业资本所生产的利润量决定，另一方面由总商业资本的相对量决定，即由总商业资本同预付在生产过程和流通过程中的资本总额的数量关系决定。（第46卷第345页）

⑤ 如果在其他一切条件不变，特别是有机构成不变的情况下，同一产业资本一年内不是周转两次，而是周转四次，它所生产的剩余价值，从而利润，就会增加一倍。（第46卷第349页）

㉔ 假定其他一切条件不变，商人资本（但零售商人的资本例外，它是混合类的东西）的相对量，是和它的周转速度成反比的，因此，也是和再生产过程本身的活力成反比的。（第46卷第320页）

㉕ 商人的利润，不是由他所周转的商品资本的量决定的，而是由他为了对这种周转起中介作用而预付的货币资本的量决定的。如果一般年利润率为15%，商人预付100镑，那么，在他的资本一年周转一次时，他就会按115的价格出售他的商品。如果他的资本一年周转5次，他就会在一年中5次按103的价格出售他按购买价格100买来的商品资本，因而在全年内就是按515的价格出售500的商品资本。但是和前一场合一样，他的预付资本100所得到的年利润仍旧是15。如果情况不是这样，商人资本就会随着它的周转次数的增加，比产业资本提供高得多的利润，而这是和一般利润率的规律相矛盾的。（第46卷第347页）不同商业部门的不同周转时间，却是表现在这样一点上：一定量商品资本周转一次获得的利润，同实现这个商品资本的周转所需的货币资本的周转次数成反比。（第46卷第349页）

越快，社会总资本中商人资本的比重越少㉔，按照年平均利润的分配，商人资本每次周转的获利也越少㉕。

商人资本在资本主义生产中的意义还在于，产业资本为了追逐更多的利润，不是以销定产，而是以产定销，从而其商品主要销售给商人资本，再由商人资本零售㊶。产业资本的商品出售给大商人后，就可以继续其生产过程，生产出新的商品，但这时大商人手中的商品还没有卖掉或只卖掉了一部分，于是，市场上就会出现商品过剩，严重时就会爆发经济危机㊷。商人资本的存在有助于产业资本

㊶ W′一旦卖出，转化为货币，就可以再转化为劳动过程的从而再生产过程的各种现实因素。因此，W′是由最后的消费者购买，还是由想转卖的商人购买，这都没有什么直接的影响。资本主义生产所生产出的商品量的多少，取决于这种生产的规模和不断扩大生产规模的需要，而不取决于需求和供给、待满足的需要的预定范围。在大量生产中，直接购买者除了别的产业资本家外，只能是大商人。在一定的界限内，尽管再生产过程生产出的商品还没有实际进入个人消费或生产消费，再生产过程还可以按相同的或扩大的规模进行。（第 45 卷第 88 页）

㊷ 商品的一大部分只是表面上进入消费，实际上是堆积在转卖者的手中没有卖掉，事实上仍然留在市场上。这时，商品的潮流一浪一浪涌来，最后终于发现，以前涌入的潮流只是表面上被消费吞没。商品资本在市场上互相争夺位置。后涌入的商品，为了卖掉只好降低价格出售。以前涌入的商品还没有变成现金，支付期限却已经到来。商品持有者不得不宣告无力支付，或者为了支付不得不给价就卖。这种出售同需求的实际状况绝对无关。同它有关的，只是支付的需求，只是把商品转化为货币的绝对必要。于是危机爆发了。（第 45 卷第 89 页）

⑱ 尽管商人资本的运动独立化了，它始终只是产业资本在流通领域内的运动。但是，由于商人资本的独立化，它的运动在一定界限内就不受再生产过程的限制，因此，甚至还会驱使再生产过程越出它的各种限制。内部的依赖性和外部的独立性会使商人资本达到这样一点：内部联系要通过暴力即通过一次危机来恢复。因此，在危机中发生这样的现象：危机最初不是在和直接消费有关的零售业中暴露和爆发的，而是在批发商业和向它提供社会货币资本的银行业中暴露和爆发的。（第46卷第339页）

⑲ 货币在产业资本和现在我们可以补充进来的商品经营资本的流通过程中（因为商品经营资本把产业资本的一部分流通运动当作自己特有的运动承担起来）所完成的各种纯粹技术性的运动，当它们独立起来，成为一种特殊资本的职能，而这种资本把它们并且只把它们当作自己特有的活动来完成的时候，就把这种资本转化为货币经营资本了。（第46卷第351页）

⑳ 货币经营者所操作的货币资本的总量，就是商人和产业家的处在流通中的货币资本；货币经营者所完成的各种活动，只是他们作为中介所实现的商人和产业家的活动。（第46卷第359页）

的扩大和生产的发展，但是它的运动的独立化使其脱离了再生产过程的限制，破坏了生产和流通的内部联系，从而引起了危机。⑱

商业资本家和产业资本家的货币资本职能独立化为货币经营资本⑲，处于流通中的货币资本就是货币经营资本家所操作的货币资本总量⑳。货币经营资本的流通不同于商业资本的流通，没有商品介入其中，只有货币的转手 ⑥，特别是不同种货币的兑换 ⑥。这些业务活动同样不创造价值和剩余价值 ⑥。

⑥ 如果说商品经营资本表示一个独特的流通形式 G—W—G，在其中，商品两次换位，货币由此流回（这和 W—G—W 相反，在其中，货币两次转手，由此对商品交换起中介作用），那么，在货币经营资本那里看不出这样的特殊形式。（第 46 卷第 359 页）

⑥ 货币经营业，即经营货币商品的商业，首先是从国际交易中发展起来的。自从各国有不同的铸币以来，在外国办货的商人，就得把本国铸币换成当地铸币和把当地铸币换成本国铸币；或者把不同的铸币同作为世界货币的、未铸币的纯银或纯金相交换。由此就产生了兑换业，它应被看成是近代货币经营业的自然发生的基础之一。（第 46 卷第 353—354 页）

⑥ 这种单纯技术性的收付货币业务，本身就构成劳动，它在货币执行支付手段职能的时候，使计算差额和结算的行为成为必要。这种劳动是一种流通费用，是一种不创造价值的劳动。货币经营者的利润不过是从剩余价值中所作的一种扣除，因为他们的活动只与已经实现（即使只是在债权形式上实现）的价值有关。（第 46 卷第 359 页）

⑭ 作为商品而进入流通的产品，不论是在什么生产方式的基础上生产出来的，——不论是在原始共同体的基础上，还是在奴隶生产的基础上，还是在小农民和小市民的生产的基础上，还是在资本主义生产的基础上生产出来的，——都不会改变自己的作为商品的性质；作为商品，它们都要经历交换过程和随之发生的形态变化。商人资本为之作中介的两极，对商人资本来说，是已经存在的东西，就像它们对货币和对货币的运动来说是已经存在的东西一样。惟一必要的事情是这两极作为商品已经存在，而不管生产完全是商品生产，还是投入市场的只是独立经营的生产者靠自己的生产满足自己的直接需要以后余下的部分。商人资本只是对这两极的运动，即对它来说已经作为前提存在的商品的运动，起中介作用。（第46卷第362—363页）

⑯ 不仅商业，而且商业资本也比资本主义生产方式古老，实际上它是资本在历史上最古老的自由的存在方式。（第46卷第362页）

⑯ 产品进行交换的数量比例，起初完全是偶然的。它们所以取得商品形式，是因为它们是可以交换的东西，也就是说，是同一个第三者的表现。继续不断的交换和比较经常的为交换而进行的再生产，越来越消除这种偶然性。但是，这种情况首先不适用于生产者和消费者，而是适用于二者之间的中介人，即把货币价格加以比较并把差额装入腰包的商人。商人是通过自己的运动本身确立起等价。（第46卷第367页）商业使生产越来越具有面向交换价值的性质。（第46卷第363页）

商人资本是伴随商品流通和货币的出现而出现和发展的⑭，比资本主义生产方式出现得早⑯。商人资本的出现促进了商品经济的发展⑯，并成为资本主义生产

⑯ 商人资本的存在和发展到一定的水平，本身就是资本主义生产方式发展的历史前提。1. 因为这种存在和发展是货币财产集中的先决条件；2. 因为资本主义生产方式的前提是为贸易而生产，是大规模的销售，而不是面向一个个顾客的销售，因而需要有这样的商人，他不是为满足他个人需要而购买，而是把许多人的购买行为集中到他的购买行为上。（第 46 卷第 364 页）

⑱ 一旦工场手工业相当巩固了，尤其是大工业相当巩固了，它就又为自己创造市场，并用自己的商品来夺取市场。这时，商业就成了工业生产的奴仆，而对工业生产来说，市场的不断扩大则是它的生活条件。不断扩大的大量生产，会使现有市场商品充斥，因此，它不断扩大这个市场，突破它的界限。限制这种大量生产的，不是商业（就它仅仅反映现有需求而言），而是执行职能的资本的量和劳动生产力的发展水平。产业资本家总是面对着世界市场，并且把他自己的成本价格不仅同国内的市场价格相比较，而且同全世界的市场价格相比较，同时必须经常这样做。以前，这种比较几乎完全是商人的事，这样就保证了商业资本对产业资本的统治。（第 46 卷第 375 页）

⑲ 不是商业使工业发生革命，而是工业不断使商业发生革命。（第 46 卷第 371 页）

方式发展的前提 ⑯。随着资本主义生产方式的出现，工业开始支配商业 ⑱ 并使商业不断发生变革 ⑲。而在此之前，占主要

⑩ 占主要统治地位的商业资本，到处都代表着一种掠夺制度，它在古代和近代的商业民族中的发展，是和暴力掠夺、海盗行径、绑架奴隶、征服殖民地直接结合在一起的；在迦太基、罗马，后来在威尼斯人、葡萄牙人、荷兰人等等那里，情形都是这样。（第46卷第369—370页）

⑪ 它不变革生产方式，只是使直接生产者的状况恶化，把他们变成单纯的雇佣工人和无产者，使他们所处的条件比那些直接受资本支配的人所处的条件还要坏，并且在旧生产方式的基础上占有他们的剩余劳动。（第46卷第373页）

统治地位的商业资本是与暴力掠夺直接结合在一起的⑩，并使直接生产者的状况恶化，加重旧的生产方式中的剥削⑪。

第 22 讲

利息和生息资本

⑫ 在这里，货币的使用价值是创造价值，创造一个比它本身所包含的价值更大的价值。（第46卷第441页）

⑬ 货币除了作为货币具有的使用价值以外，又取得了一种追加的使用价值，即作为资本来执行职能的使用价值。在这里，它的使用价值正在于它转化为资本而生产的利润。就它作为可能的资本，作为生产利润的手段的这种属性来说，它变成了商品，不过是一种特别的商品。或者换一种说法，资本作为资本，变成了商品。（第46卷第378页）

⑭ 货币本身在可能性上已经是会自行增殖的价值，并且作为这样的价值被贷放，而贷放就是这种独特商品的出售形式。（第46卷第441页）

⑮ 借贷资本家把他的资本放出去，把它转给产业资本家时，没有得到等价物。放出资本根本不是资本现实循环过程中的行为，而只是为这个要由产业资本家去完成的循环作了准备。货币的这第一次换位，不表示形态变化的任何行为，既不表示买，也不表示卖。所有权没有被出让，因为没有发生交换，也没有得到等价物。货币由产业资本家手中流回到借贷资本家手中，不过是把放出资本这第一个行为加以补充。这个以货币形式预付的资本，通过循环过程，又以货币形式回到产业资本家手中。但因为资本支出时不是归他所有，所以流回时也不能归他所有。通过再生产过程这件事，并不会使这个资本变为产业资本家的所有物。因此，产业资本家必须把它归还给贷出者。（第46卷第388—389页）

货币转化为资本从而取得了新的使用价值⑫。这个新的使用价值就是它能够带来利润，并且这个新的使用价值可以像商品的使用价值一样让渡出去，从而商品经济发展的最高程度就是资本像劳动力一样成为商品。⑬

资本商品的出售方式是贷放⑭。贷放时让渡的是货币资本一定时期的使用权，而不是货币资本的所有权，因此贷放到期后货币将回到贷出者的手里⑮。而货币之

所以能够重回贷出者的手里，是因为它
作为资本贷放的 ⑰，从而资本商品的价值
和使用价值能够在消费时也就是作为资本
利用时保存下来甚至增大 ⑰。

⑯ 如果借入者不把这个货币作为资本来使用，那是他的事
情。贷出者是把货币作为资本贷出的，而作为资本，它必须执行
资本的职能，包括货币资本的循环，直到它以货币形式流回到它
的起点。（第 46 卷第 391 页）

⑰ 就其余的商品来说，使用价值最终会被消费掉，因而商
品的实体和它的价值会一道消失。相反，资本商品有一种特性：
由于它的使用价值的消费，它的价值和它的使用价值不仅会保存
下来，而且会增加。（第 46 卷第 393 页）

⑭ 假定年平均利润率是20%。这时，一台价值100镑的机器，在平均条件以及平均的智力水平和合乎目的的活动下当作资本使用，会提供20镑的利润。因此，一个拥有100镑的人，手中就有使100镑变成120镑，或生产20镑利润的权力。他手中有100镑可能的资本。如果这个人把这100镑交给另一个人为期一年，让后者把这100镑实际当作资本来使用，他也就给了后者生产20镑利润即剩余价值的权力。这个剩余价值对后者来说什么也不花费，他没有为它支付等价物。如果后者在年终把比如说5镑，即把所生产的利润的一部分付给这100镑的所有者，他就是用这5镑来支付这100镑的使用价值，来支付这100镑的资本职能即生产20镑利润的职能的使用价值。他支付给所有者的那一部分利润，叫作利息。因此，利息不外是一部分利润的一个特殊名称，一个特殊项目；执行职能的资本不能把这部分利润装进自己的腰包，而必须把它支付给资本的所有者。很清楚，100镑的所有权，使其所有者有权把利息，把他的资本生产的利润的一定部分据为己有。如果他不把这100镑交给另一个人，后者就不能生产利润，也就根本不能用这100镑来执行资本家的职能。（第46卷第378—379页）

为了获得资本商品而付出的代价，被称为利息⑭。利息不像西方经济学认为的那样是资本商品的价格⑲，但它可以被视为货币资本一段时间的使用权的价格。显然，在正常情况下，利息只能是消费资本商品的使用价值所得到的利润的一部分⑳，从而利润可以看成是利息的最高

⑲ 按照价格的概念，价格等于这个使用价值的以货币表现的价值。利息是资本的价格这种说法，从一开始就是完全不合理的。在这里，商品有了双重价值，先是有价值，然后又有和这个价值不同的价格，而价格是价值的货币表现。（第 46 卷第 396 页）一个价值额怎么能够在它本身的价格之外，在那个要用它本身的货币形式来表示的价格之外，还有一个价格呢？价格毕竟是和商品的使用价值相区别的商品的价值（市场价格也是这样，它和价值的区别，不是质的区别，而只是量的区别，只与价值量有关）。和价值有质的区别的价格，是荒谬的矛盾。（第 46 卷第 397 页）

⑳ 借入者是把货币作为资本，作为自行增殖的价值借来的。（第 46 卷第 395 页）利息只能是他所实现的利润的一部分。只是一部分，不是全部，因为对于借入者来说，这个货币的使用价值，就在于它会替他生产利润。不然的话，贷出者就没有让渡使用价值。另一方面，利润也不能全部归借入者。不然的话，他对于这种使用价值的让渡就没有支付什么。（第 46 卷第 395 页）

㊋ 因为利息只是利润的一部分，按照我们以上的前提，这个部分要由产业资本家支付给货币资本家，所以，利润本身表现为利息的最高界限，达到这个最高界限，归执行职能的资本家的部分就会 =0。撇开利息事实上可能大于利润，因而不能用利润支付的个别情况不说，我们也许还可以把全部利润减去其中可以归结为监督工资的部分（这部分我们以后加以说明）的余额，看作是利息的最高界限。利息的最低界限则完全无法规定。它可以下降到任何程度。不过这时候，总会出现起反作用的情况，使它提高到这个相对的最低限度以上。（第46卷第401页）不管怎样，必须把平均利润率看成是利息的有最后决定作用的最高界限。（第46卷第403页）

㊌ 只有资本家分为货币资本家和产业资本家，才使一部分利润转化为利息，一般地说，才产生出利息的范畴；并且，只有这两类资本家之间的竞争，才产生出利息率。（第46卷第415页）并不存在"自然"利息率。相反，我们把自然利息率理解为由自由竞争决定的比率。利息率没有"自然"界限。在竞争不只是决定偏离和波动的场合，因而，在它们的互相起反作用的力量达到均衡而任何决定都停止的场合，那种需要决定的东西就是某种本身没有规律的、任意的东西。（第46卷第399页）

界限㊋。

利息与贷放的货币资本的比值称为利息率，它完全是由竞争决定的㊌。利息率不可能过于微薄，否则货币资本家就会亲自使用资本，而不把它贷放出去 ㊽[1]。在经济危机等异常情况下，利息率有可能高于一般利润率 ㊽。而高息借入货币者有陷入支付困境的资本家，也有居心叵测的信用冒险者 ㊽。

　　生息资本的表现形式是钱直接生钱 ㊽，似乎资本可以脱离生产过程而得到

㊻ 假如大部分的资本家愿意把他们的资本转化为货币资本，那么，结果就会是货币资本大大贬值和利息率惊人下降；许多人马上就会不可能靠利息来生活，因而会被迫再变为产业资本家。（第 46 卷第 424 页）

㊼ 在危机时期，对借贷资本的需求达到了最高限度，与此同时，利息率也达到了最高限度；利润率几乎没有了，与此同时，对产业资本的需求也几乎没有了。在这个时期，每个人借钱都只是为了支付，为了结清已经欠下的债务。（第 46 卷第 580 页）

㊽ 高利息率也可以标志着像 1857 年那样的情况：到处奔波的信用冒险家使国家陷于不安。他们能够支付高额利息，因为他们是从他人的钱袋掏出钱来支付的（而与此同时，也就参与决定对一切人适用的利息率），并在此期间，靠预期中的利润，过着阔绰的生活。同时，正是这种情况能够给工厂主等提供实际上极为有利的营业。回流由于这种借贷制度而变得完全不可靠了。（第 46 卷第 605 页）

㊽ 在生息资本上，资本关系取得了它的最表面和最富有拜物教性质的形式。在这里，我们看到的是 G—G′，是生产更多货币的货币，是没有在两极间起中介作用的过程而自行增殖的价值。（第 46 卷第 440 页）

⑭⑧⑦ 全部资本都转化为货币资本，而没有人购买和使用生产资料——全部资本除了其中以货币形式存在的相对小的部分以外，都以生产资料的形式存在——并用来增殖价值，这当然是荒唐的。（第46卷第424页）

⑭⑧⑧ 创造价值，提供利息，成了货币的属性，就像梨树的属性是结梨一样。货币贷放人也是把他的货币作为这种可以生息的东西来出售的。但这还不是事情的全部。我们说过，甚至实际执行职能的资本也会这样表现，好像它并不是作为执行职能的资本，而是作为资本自身，作为货币资本而提供利息。（第46卷第441页）

⑭⑧⑨ 普赖斯简直为几何级数的庞大数字所迷惑。因为他完全不顾再生产和劳动的条件，把资本看作自行运动的自动机，看作一种纯粹的、自行增长的数字（完全像马尔萨斯把人类看作是按几何级数增长一样），所以他竟然以为，他已经在下述公式中发现了资本增长的规律：$s=c(1+z)^n$。在这个公式中，$s=$资本＋复利的总和，$c=$预付资本，$z=$利息率（表示在100的相应部分上），n代表过程进行的年数。（第46卷第445—446页）剩余价值和剩余劳动的同一，为资本的积累设置了一个质的界限：总工作日、生产力和人口（可以同时剥削的工作日数目由人口限定）在各个时期的发展。相反地，如果剩余价值在利息这个没有概念的形式上来理解，那么，界限就只是量的界限，并且会超出任何想像。（第46卷第449页）

果实[⑭⑧⑦]。于是，资本的属性也成为货币的属性[⑭⑧⑧]。从而，有人以为，可以撇开生产条件，使利息追加为本金的利滚利一直进行下去，直趋无穷大[⑭⑧⑨][2]。但这是根本不可能的⑩。

有人说借银行的钱不用还，只要付利息就好，反正银行把钱收回还得贷出去。这话不能说完全没有道理⑪，但是没有还本钱的实力，利息也付不长久。

货币资本的贷出者是债权人，货币资本的借入者是债务人。前者拥有货币的所有权，后者拥有同一货币的使用权。不能将前者的债权与后者持有的货币或该货币转化的资产相加计算总资产⑫[3]。

⑩ 当一个工人推动的不变资本增加为 10 倍时，要产生相同的利润率，剩余劳动时间也必须增加为 10 倍。这样，即使全部劳动时间，甚至一日 24 小时都被资本占有，也不够用。但利润率不会降低的观念，是普赖斯所说的级数的基础。（第 46 卷第 448—449 页）

⑪ 货币资本家的情形也是这样。只要他的资本贷出去，从而作为货币资本发生作用，它就为他带来利息，即利润的一部分，但他不能支配本金。例如，当他以一年或数年为期贷出资本，并按一定期间得到利息，但不收回资本的时候，情形就是这样。即使他收回资本，事情也不会有什么改变。如果他把资本收回，他也必须不断地重新把它贷出去，才能使资本对他发挥资本的作用，在这里也就是发挥货币资本的作用。只要资本留在他手中，它就不会生出利息，并且不会作为资本起作用；只要它生出利息，并且作为资本起作用，它就不会留在他手中。资本永久贷出的可能性就是这样产生的。（第 46 卷第 416 页）

⑫ 贷出者和借入者双方都是把同一货币额作为资本支出的。但它只有在后者手中才执行资本的职能。同一货币额作为资本对两个人来说取得了双重的存在，这并不会使利润增加一倍。它所以能对双方都作为资本执行职能，只是由于利润的分割。其中归贷出者的部分叫作利息。（第 46 卷第 395—396 页）

㊷ 充当职能资本的代表，并不像充当生息资本的代表那样，是领干薪的闲职。在资本主义生产的基础上，资本家指挥生产过程和流通过程。对生产劳动的剥削也要花费气力，不管是他自己花费气力，还是让别人替他花费气力。（第46卷第426页）

㊸ 资本的真正的特有产物是剩余价值，进一步说，是利润。但对用借入的资本从事经营的资本家来说，那就不是利润，而是利润减去利息，是支付利息以后留给自己的那部分利润。因此，这部分利润，对他来说必然表现为执行职能的资本的产物；这对他来说确实也是这样，因为他所代表的资本只是执行职能的资本。他在资本执行职能的时候，才是资本的人格化，而资本在它投在产业或商业中带来利润，并由它的使用者用来从事本营业部门要求的各种活动的时候，才执行职能。因此，同他必须从总利润中付给贷出者的利息相反，剩下归他的那部分利润必然采取产业利润或商业利润的形式，或者用一个把二者包括在内的德语名词来表达，就是采取 Unternehmergewinn［企业主收入］的形态。（第46卷第418—419页）

借贷发生后，借款的资本家把自己得到的那一部分利润视为由他本人才能㊸带来的企业主收入，把利息视为资本"真正"的果实㊸。这一划分很快被泛化了，自用资本的资本家也将得到的利润作了这种划分[4]，分别代表自己作为货币资本家和职能资本家的收入，完全忘记了利润无论如何分割都来源于对工人的剥削 ⑨⑤ 。

事实上，无论是工人合作工厂的厂长还是股份公司的经理，他们得到的管理工资 ⑨⑥ 都比扣除利息之后的利润部分，

⑷⑨⑤ 对于用借入的资本从事经营的产业资本家和不亲自使用自己的资本的货币资本家来说，总利润在两种不同的人，即在两种对同一资本，从而对由它产生的利润享有不同合法权的人之间的单纯量的分割，都会因此转变为质的分割。利润的一部分现在表现为一个规定上的资本应得的果实，表现为利息；利润的另一部分则表现为一个相反规定上的资本的特有的果实，因而表现为企业主收入。一个单纯表现为资本所有权的果实，另一个则表现为用资本单纯执行职能的果实，表现为处在过程中的资本的果实，或能动资本家所执行的职能的果实。总利润的这两部分硬化并且互相独立化了，好像它们出自两个本质上不同的源泉。这种硬化和互相独立化，对整个资本家阶级和整个资本来说，现在必然会固定下来。（第 46 卷第 420—421 页）即使产业家用自有的资本从事经营，他的利润也会分为利息和企业主收入。因此，单纯量的分割变为质的分割；不管产业家是不是自己的资本的所有者，同这种偶然的情况无关，这种分割都会发生。（第 46 卷第 421 页）

⑷⑨⑥ 每一次危机以后，我们都可以在英国工厂区看到许多以前的工厂主，他们现在作为经理，为了低微的工资，替那些往往就是他们自己的债权人的新工厂主，去管理他们自己从前所有的工厂。（第 46 卷第 435 页）

㊾ 随着工人方面的合作事业和资产阶级方面的股份企业的发展，混淆企业主收入和管理工资的最后口实也站不住脚了，利润在实践上也就表现为它在理论上无可辩驳的那种东西，即表现为单纯的剩余价值，没有支付等价物的价值，已经实现的无酬劳动；因此，执行职能的资本家实际上是在剥削劳动，并且在他是用借入资本从事经营的时候，他的剥削的结果就分为利息和企业主收入，即利润超过利息的余额。（第46卷第438页）

㊿ 利润的一部分事实上能够作为工资分离出来，并且确实也作为工资分离出来，或者不如反过来说，在资本主义生产方式的基础上，一部分工资表现为利润的不可缺少的组成部分。正如亚·斯密已经正确地发现的那样，在那些生产规模等等允许有充分的分工，以致可以对一个经理支付特别工资的营业部门中，这个利润部分会以经理的薪水的形式纯粹地表现出来，一方面同利润（利息和企业主收入的总和），另一方面同扣除利息以后作为所谓企业主收入留下的那部分利润相独立并且完全分离出来。（第46卷第430—431页）

即企业主的收入少得多㊾，尽管经理的高薪中分享了一部分企业主收入㊿。

生息资本的古老形式是高利贷资本 ⑲。高利贷资本的主要贷放对象是大肆挥霍的富人和小生产条件的所有者 ⑳。资本家一般不会接受高出一般利润率的高利

⑲ 生息资本或高利贷资本（我们可以把古老形式的生息资本叫作高利贷资本），和它的孪生兄弟商人资本一样，是资本的洪水期前的形式，它在资本主义生产方式以前很早已经产生，并且出现在极不相同的经济社会形态中。高利贷资本的存在所需要的只是，至少已经有一部分产品转化为商品，同时随着商品买卖的发展，货币已经在它的各种不同的职能上得到发展。高利贷资本的发展，和商人资本的发展，并且特别和货币经营资本的发展，是联结在一起的。（第 46 卷第 671 页）

⑳ 高利贷资本在资本主义生产方式以前的各时期具有特征的存在形式有两种。我说的是具有特征的形式。同一些形式会在资本主义生产的基础上再现，但只是作为从属的形式。在这里，它们不再是决定生息资本特征的形式了。这两种形式是：第一是对那些大肆挥霍的显贵，主要是对地主放的高利贷；第二是对那些自己拥有劳动条件的小生产者放的高利贷。这种小生产者包括手工业者，但主要是农民，因为总的说来，在资本主义以前的状态中，只要这种状态允许独立的单个小生产者存在，农民阶级必然是这种小生产者的大多数。（第 46 卷第 672 页）

贷(501)，奴隶和雇佣工人因为一无所有也不会成为高利贷的对象(502)。

高利贷资本是商品经济有所发展但又不发达的产物(503)。抗风险能力差的小生产者很难摆脱高利贷(504)。高利贷资本破坏了

(501) 超过生产者最必要的生存资料（即后来的工资额）的全部余额，在这里能够以利息形式被高利贷者所侵吞（这部分后来表现为利润和地租）。因此，拿这个利息的水平和现代利息率的水平加以对比，是非常荒谬的，因为除了归国家所有的部分外，高利贷者的利息会占有全部剩余价值，而现代的利息，至少是正常的利息，只是这个剩余价值的一部分。（第 46 卷第 673 页）

(502) 雇佣奴隶和真正的奴隶一样，由于所处的地位，不能成为债务奴隶，至少作为生产者不能成为债务奴隶；他至多只是作为消费者才能成为债务奴隶。（第 46 卷第 674 页）

(503) 商品形式越没有成为产品的一般形式，货币就越难获得。因此，高利贷者除了货币需要者的负担能力或抵抗能力外，再也不知道别的限制。（第 46 卷第 677 页）一个国家的大量生产越是限于实物等等，也就是，越是限于使用价值，该国的高利贷资本就越是发展。（第 46 卷第 689—690 页）

(504) 小生产者是保持还是丧失生产条件，取决于无数偶然的事故，而每一次这样的事故或丧失，都意味着贫穷化，是使高利贷寄生虫得以乘虚而入的机会。对小农来说，只要死一头母牛，他就不能按原有的规模来重新开始他的再生产。这样，他就坠入高利贷者的摆布之中，而一旦落到这种地步，他就永远不能翻身。（第 46 卷第 677—678 页）

一切非资本主义的生产方式，但没有改变它们⑩。

因此，在古代，高利贷只是造成了经济的破坏。但在近代，在资本主义生产方式条件具备的地方，高利贷资本促进了资本主义的发展⑩。并且尽管已经被边缘化

⑩ 一方面，高利贷对于古代的和封建的财富，对于古代的和封建的所有制，发生破坏和解体的作用。另一方面，它又破坏和毁灭小农民和小市民的生产，总之，破坏和毁灭生产者仍然是自己的生产资料的所有者的一切形式。（第46卷第674页）高利贷和商业一样，是剥削已有的生产方式，而不是创造这种生产方式，它是从外部同这种生产方式发生关系。高利贷力图直接维持这种生产方式，是为了不断地重新对它进行剥削；高利贷是保守的，只会使这种生产方式处于越来越悲惨的境地。（第46卷第689页）

⑩ 高利贷有两种作用：第一，总的说来，它同商人财产并列，形成独立的货币财产，第二，它把劳动条件占为己有，也就是说，使旧劳动条件的占有者破产，因此，它对形成产业资本的前提是一个有力的杠杆。（第46卷第690页）只有在资本主义生产方式的其他条件已经具备的地方和时候，高利贷才表现为形成新生产方式的手段之一；这一方面是由于封建主和小生产遭到毁灭，另一方面是由于劳动条件集中为资本。（第46卷第675页）

⑤⑦ 在现代信用制度下，生息资本要适应于资本主义生产的各种条件。高利贷本身不仅依然存在，而且在资本主义生产发达的国家，还摆脱了一切旧的立法对它的限制。对于那些不是或不能在资本主义生产方式的意义上进行借贷的个人、阶级或情况来说，生息资本都保持高利贷资本的形式。例如，在下列场合：或者出于个人的需要去到当铺进行借贷；或者把钱借给那些享乐的富人，供他们挥霍浪费；或者借给那些非资本主义的生产者，如小农民、手工业者等等，即自己仍然占有生产条件的直接生产者；最后，借给那种经营规模很小，接近于自食其力的生产者的资本主义生产者。（第 46 卷第 678—679 页）

了，高利贷资本仍然在资本主义社会里存在着⑤⑦。

第23讲

信用和虚拟资本

⑧ 信用为单个资本家或被当作资本家的人，提供在一定界限内绝对支配他人的资本，他人的财产，从而他人的劳动的权利。对社会资本而不是对自己的资本的支配权，使他取得了对社会劳动的支配权。（第46卷第497页）

⑨ 我们首先分析商业信用，即从事再生产的资本家互相提供的信用。这是信用制度的基础。它的代表是汇票，是一种有一定支付期限的债券，是一种延期支付的证书。（第46卷第542页）

⑩ 签发汇票是使商品转化为一种形式的信用货币，而汇票贴现是使这种信用货币转化为另一种信用货币即银行券。（第46卷第483页）对货币贷放者来说，这种汇票是有息证券；就是说，在他购买汇票时，会扣除汇票到期以前的利息。这就是所谓的贴现。因此，从汇票所代表的金额中扣除多少，这要看当时的利息率而定。（第46卷第532页）

⑪ 一个普通实业家去贴现是为了提前实现他的资本的货币形式，由此使再生产过程继续进行；不是为了扩大营业或获得追加资本，而是为了要用他得到的信用来平衡他所提供的信用。如果他要靠信用来扩大他的营业，那么，汇票贴现对他来说没有多大用处，因为那只是已经处在他手中的货币资本从一种形式转化为另一种形式；他宁可借一笔比较长期的固定贷款。（第46卷第481页）

信用意味着让渡货币使用权并持有相关凭证⑧，包括持有纸币、商业货币、有价证券，等等。

商业信用的代表是汇票⑨。签发汇票可以在商品出售前将商品转化为商业货币，这是因为汇票可以背书转让用来购买其他商品。在汇票到期兑现货币之前贴现这个汇票⑩，可以在扣除贴现利息后得到出售商品的货币⑪，从而加速资本的周转⑤⑫。因此，贴现率的升降能够反映经济的活跃程度，被称为经济的晴雨表⑤⑬。

信用还有助于资本的集中⑤⑭，但也容

⑤⑫ 由于信用，流通或商品形态变化的各个阶段，进而资本形态变化的各个阶段加快了，整个再生产过程因而也加快了。（另一方面，信用又使买和卖的行为可以互相分离较长的时间，因而成为投机的基础。）准备金缩小了，这可以从两方面来考察：一方面，流通手段减少了；另一方面，必须经常以货币形式存在的那部分资本缩减了。（第 46 卷第 494 页）

⑤⑬ 只要银行在比较危险的情况下提高它的贴现率，——同时，银行很可能会限制它所贴现的票据的有效期，——那就会产生普遍的担心，担心这种情况会变得越来越厉害。因此，每一个人，首先是信用冒险家，都企图把未来的东西拿去贴现，并且要在一定的时刻，支配尽可能多的信用手段。（第 46 卷第 647 页）

⑤⑭ 剥夺已经从直接生产者扩展到中小资本家自身。这种剥夺是资本主义生产方式的出发点；实行这种剥夺是资本主义生产方式的目的，而且最后是要剥夺一切个人的生产资料，这些生产资料随着社会生产的发展已不再是私人生产的资料和私人生产的产品，它们只有在联合起来的生产者手中还能是生产资料，因而还能是他们的社会财产，正如它们是他们的社会产品一样。但是，这种剥夺在资本主义制度本身内，以对立的形态表现出来，即社会财产为少数人所占有；而信用使这少数人越来越具有纯粹冒险家的性质。因为财产在这里是以股票的形式存在的，所以它的运动和转移就纯粹变成了交易所赌博的结果；在这种赌博中，小鱼为鲨鱼所吞掉，羊为交易所的狼所吞掉。（第 46 卷第 498 页）

⑮ 回流迅速而可靠这种假象，在回流实际上已经消失以后，总是会由于已经发生作用的信用，而在较长时间内保持下去，因为信用的回流会代替实际的回流。但只要银行的客户付给银行的汇票多于货币，银行就会开始感到危险。（第46卷第507—508页）

⑯ 信用冒险家为了扩大他的营业，为了用一种骗人的营业来掩盖另一种骗人的营业，会把他的融通票据拿去贴现；但这不是为了赚得利润，而是为了占有别人的资本。（第46卷第481页）

⑰ 信用制度加速了生产力的物质上的发展和世界市场的形成；使这二者作为新生产形式的物质基础发展到一定的高度，是资本主义生产方式的历史使命。同时，信用加速了这种矛盾的暴力的爆发，即危机，因而促进了旧生产方式解体的各要素。信用制度固有的二重性质是：一方面，把资本主义生产的动力——用剥削他人劳动的办法来发财致富——发展成为最纯粹最巨大的赌博欺诈制度，并且使剥削社会财富的少数人的人数越来越减少；另一方面，造成转到一种新生产方式的过渡形式。（第46卷第500页）

易造成一些资本周转的假象⑮和欺诈⑯。信用使再生产过程强化到极致，从而加速了危机的爆发并扩大了危机的规模，带动了历史的发展⑰。

货币商品的损耗、保管和运输费用，以及作为货币的贵金属不再执行的货币以外的商品职能，是商品经济中一项主要的流通费用。通过信用，货币商品被商业货币和纸币取代而得到了节约。⑤¹⁸ 货币商品并没有因此消失而是被储备起来履行贮藏货币的职能⑤¹⁹，其储备量与一个国家在

⑤¹⁸ 一项主要的流通费用，就是货币本身，因为货币自身具有价值。通过信用，货币以三种方式得到节约。A. 相当大的一部分交易完全用不着货币。B. 流通手段的流通加速了。这一点，和第 2 点中要说的，有部分共同之处。一方面，这种加速是技术性的；也就是说，在现实的、对消费起中介作用的商品流转额保持不变时，较小量的货币或货币符号，可以完成同样的服务。这是同银行业务的技术联系在一起的。另一方面，信用又会加速商品形态变化的速度，从而加速货币流通的速度。C. 金币为纸币所代替。（第 46 卷第 493—494 页）

⑤¹⁹ 我曾经根据货币的性质阐明了贮藏货币的各种职能：它作为支付手段（国内已经到期的支付）的准备金的职能；作为流通手段的准备金的职能；最后，作为世界货币的准备金的职能。当然，当所有这些职能都由惟一的一个准备金承担时，问题就变得复杂起来；由此也可以得出结论说，在某些情况下，英格兰银行的金向国内流出的现象和它向国外流出的现象是可以结合在一起的。但是，使问题进一步复杂化的，还有那种任意加在这个贮藏货币上的新的职能，即在信用制度和信用货币发达的国家充当银行券兑换的保证金的职能。（第 46 卷第 514—515 页）

(520) 一旦普遍的危机结束，金和银——撇开新开采的贵金属从产地流入的现象不说——就会按金银在平衡状态下在各国形成特别贮藏的比例再行分配。在其他条件不变时，每个国家的相对储藏量，是由该国在世界市场上所起的作用决定的。贵金属会从存额超过正常水平的国家流到别的国家去；这种流出和流入的运动，不过是恢复金属贮藏在各国之间原来的分配。(第 46 卷第 645 页) 中央银行是信用制度的枢纽。而金属准备又是银行的枢纽。(第 46 卷第 648 页)

(521) 银行家的不断处在公众手中并作为流通手段执行职能的银行券的数额(虽然这个数额不断由不同的银行券构成)，除了纸张和印刷方面以外，无须他花费分文。这是对他自己签发的流通债券(汇票)，但它们会为他带来货币，因而会成为一种使他的资本增殖的手段。(第 46 卷第 504 页) 英格兰银行不用它的地库内的金属贮藏作准备金而发行银行券时，它创造了一些价值符号，它们不仅是流通手段，而且对英格兰银行来说，它们还按没有准备金的银行券的票面总额，形成了追加的——虽然是虚拟的——资本。并且这一追加的资本，会为它提供追加的利润。(第 46 卷第 614 页)

世界市场上的影响力有关 (520) [1]。

纸币的出现使得银行家可以通过超出自己的贵金属储备增发纸币的手段，凭空增殖资本 (521)。这个做法一旦滥用就会造成危机，哪怕其信用得到了国家信用的保证㉒。只有纸币可以随时兑换货币商品，这个做法才会受到限制㉓。货币商品作为财富的社会性质的独立体现，在遇到危机的时刻会特别突出地表现出来㉔。

㉒ 在大多数国家里，发行银行券的主要银行，作为国家银行和私人银行之间的奇特的混合物，事实上有国家的信用作为后盾，它们的银行券在不同程度上是合法的支付手段；因为在这里可以明显看到的是，银行家经营的是信用本身，而银行券不过是流通的信用符号。（第 46 卷第 454 页）即使在最普遍最强烈的不信任时期，银行券的信用仍然没有动摇。这也是完全可以理解的；实际上，这种价值符号是以全国的信用作为其后盾的。（第 46 卷第 629 页）

㉓ 只要银行券可以随时兑换货币，发行银行券的银行就决不能任意增加流通的银行券的数目。（第 46 卷第 593 页）

㉔ 金和银同别的财富形态的区别何在呢？不在于价值量大小，因为价值量是由其中对象化的劳动量决定的。相反，在于它们是财富的社会性质的独立体现和表现。（第 46 卷第 649 页）

㉕ 危机一旦爆发，问题就只在于支付手段了。但是，因为这种支付手段的收进，对每个人来说，都要依赖于另一个人，而谁也不知道另一个人能不能如期付款；所以，将会发生对市场上现有的支付手段即银行券的全面追逐。每一个人都想尽量多地把自己能够获得的货币贮藏起来，因此，银行券将会在人们最需要它的那一天从流通中消失。（第 46 卷第 598 页）货币在恐慌时期仍是存在着的；但每个人都当心不让它转化为借贷资本，不让它转化为借贷货币；每个人都抓住它不放，以便应付实际的支付需要。（第 46 卷第 602 页）

㉖ 在再生产过程的全部联系都是以信用为基础的生产制度中，只要信用突然停止，只有现金支付才有效，危机显然就会发生，对支付手段的激烈追求必然会出现。所以乍看起来，好像整个危机只表现为信用危机和货币危机。而且，事实上问题只是在于汇票能否兑换为货币。但是这种汇票多数是代表现实买卖的，而这种现实买卖的扩大远远超过社会需要的限度这一事实，归根到底是整个危机的基础。不过，除此以外，这种汇票中也有惊人巨大的数额，代表那种现在已经败露和垮台的纯粹投机营业；其次，代表利用别人的资本进行的已告失败的投机；最后，还代表已经跌价或根本卖不出去的商品资本，或者永远不会实现的资本回流。这种强行扩大再生产过程的全部人为体系，当然不会因为有一家像英格兰银行这样的银行，用它的纸券，给一切投机者以

信用危机的实质不是货币不足㉕，而是生产过剩，因此，美国金融危机爆发后美联储向银行系统注入大量资金也救不了市㉖。发达国家的资本家们还经常利用

信用机制中的破产方式来赖掉债务[527]，人为地制造恐慌和危机，这也是他们的拿手好戏[528]。

他们所缺少的资本，并把全部已经跌价的商品按原来的名义价值购买进来，就可以医治好。（第 46 卷第 555 页）

[527] 在饥荒时期先向谷物出口国骗取谷物，然后再赖掉它们谷物的货款。（第 46 卷第 558 页）英国对美俄两国，也同时负有"好几百万"的谷物债款，但它也成功地通过英国债务人的破产，"结清"了其中的一大部分。（第 46 卷第 652 页）

[528] 只要一个银行的信用没有动摇，这个银行在这样的情况下通过增加信用货币就会缓和恐慌，但通过收缩信用货币就会加剧恐慌。（第 46 卷第 585 页）我们已经看到，甚至查普曼先生这位 1857 年货币市场上的实力人物，也痛苦地抱怨说，伦敦有很多大的货币资本家，他们有足够的力量在一定的时候使整个货币市场陷于混乱，并从中极其无耻地榨取那些较小的货币经营者。这就是说，有这样一些大鲨鱼，他们能够抛售一、二百万镑统一公债，从市场取走等额的银行券（同时也就是取走等额可供支配的借贷资本），因而使紧迫情况大大尖锐起来。只要三家大银行联合行动，就能够用同一手法把紧迫情况变为恐慌。（第 46 卷第 613 页）

㊾ 在股份制度内，已经存在着社会生产资料借以表现为个人财产的旧形式的对立面；但是，这种向股份形式的转化本身，还是局限在资本主义界限之内；因此，这种转化并没有克服财富作为社会财富的性质和作为私人财富的性质之间的对立，而只是在新的形态上发展了这种对立。（第46卷第498—499页）它再生产出了一种新的金融贵族，一种新的寄生虫，——发起人、创业人和徒有其名的董事；并在创立公司、发行股票和进行股票交易方面再生产出了一整套投机和欺诈活动。这是一种没有私有财产控制的私人生产。（第46卷第497页）

㋡ 实际执行职能的资本家转化为单纯的经理，别人的资本的管理人，而资本所有者则转化为单纯的所有者，单纯的货币资本家。（第46卷第495页）

㋥ 在资本主义生产的基础上，一种涉及管理工资的新的欺诈在股份企业中发展起来，这就是：在实际的经理之外并在他们之上，出现了一批董事和监事。对这些董事和监事来说，管理和监督实际上不过是掠夺股东、发财致富的一个借口而已。（第46卷第438页）破产法庭进行的审理表明，这种监督工资照例和这种挂名董事实际行使的监督成反比。（第46卷第439页）

发行股票的股份公司把许多资本家的资本集合起来使用㊾，资本所有者成为单纯的货币资本家，而资本的职能由经理来执行㋡，于是产生了一种新的欺诈㋥[2]。

与股份公司相比，工人自己的合作工厂则是积极地扬弃了资本与劳动的对立㊷。

㊷ 工人自己的合作工厂，是在旧形式内对旧形式打开的第一个缺口，虽然它在自己的实际组织中，当然到处都再生产出并且必然会再生产出现存制度的一切缺点。但是，资本和劳动之间的对立在这种工厂内已经被扬弃，虽然起初只是在下述形式上被扬弃，即工人作为联合体是他们自己的资本家，也就是说，他们利用生产资料来使他们自己的劳动增殖。（第 46 卷第 499 页）资本主义的股份企业，也和合作工厂一样，应当被看作是由资本主义生产方式转化为联合的生产方式的过渡形式，只不过在前者那里，对立是消极地扬弃的，而在后者那里，对立是积极地扬弃的。（第 46 卷第 499 页）

有价证券可以为持有人定期或不定期地带来一些收益，它只是这些未来收益的索取权证书，它代表货币资本的积累[(533)]，但不代表现实资本的积累[(534)]。人们把这些未来的收益当作某个资本的利息时，就可

(533) 国债资本的积累，不过是表明国家债权人阶级的增加，这个阶级有权把税收中的一定数额预先划归自己所有。连债务积累也能表现为资本积累这一事实，清楚地表明那种在信用制度中发生的颠倒现象已经达到完成的地步。这些为原来借入的并且早已用掉的资本而发行的债券，这些代表已经消灭的资本的纸制复本，在它们是可卖商品，因而可以再转化为资本的情况下，对它们的占有者来说，就作为资本执行职能。（第 46 卷第 539—540 页）所有这些证券实际上都只是代表已积累的对于未来生产的索取权或权利证书，它们的货币价值或资本价值，或者像国债那样不代表任何资本，或者完全不决定于它们所代表的现实资本的价值。在一切进行资本主义生产的国家，都有巨额的所谓生息资本或货币资本（money capital）采取这种形式。货币资本的积累，大部分不外是对生产的这种索取权的积累，是这种索取权的市场价格即幻想的资本价值的积累。（第 46 卷第 531 页）

(534) 如果没有实际的积累，也就是说，没有生产的提高和生产资料的增长，那么，债权在货币形式上的积累，对这种生产有什么好处呢？（第 46 卷第 479 页）

以用这个虚拟资本的价值来给有价证券定价，而这个定价与有价证券对应的现实资本的价值无关㉟。

在未来的预期收益不变时，有价证券的价格或者说虚拟资本的市场价值与利息率反向变动㊱。有人因为股市大跌就说

㉟ 人们把虚拟资本的形成叫作资本化。人们把每一个有规则的会反复取得的收入按平均利息率来计算，把它算作是按这个利息率贷出的一个资本会提供的收益，这样就把这个收入资本化了；例如，在年收入 =100 镑，利息率 =5% 时，100 镑就是 2000 镑的年利息，这 2000 镑现在就被看成是每年取得 100 镑的法定所有权证书的资本价值。对这个所有权证书的买者来说，这 100 镑年收入实际代表他所投资本的 5% 的利息。因此，和资本的现实增殖过程的一切联系就彻底消灭干净了。资本是一个自行增殖的自动机的观念就牢固地树立起来了。（第 46 卷第 528—529 页）

㊱ 这种证券的市场价值部分地有投机的性质，因为它不是由现实的收入决定的，而是由预期得到的、预先计算的收入决定的。但是，假定现实资本的增殖不变，或者假定像国债那样，资本已不存在，年收益已经由法律规定，并且又有充分保证，那么，这种证券的价格的涨落就和利息率成反比。如果利息率由 5% 涨到 10%，保证可得 5 镑收益的有价证券，就只代表 50 镑的资本。（第 46 卷第 530 页）它的价值始终只是资本化的收益，也就是一个幻想的资本按现有利息率计算可得的收益。（第 46 卷第 530 页）

㊼ 在货币市场紧迫的时候，这种有价证券的价格会双重跌落；第一，是因为利息率提高，第二，是因为这种有价证券大量投入市场，以便实现为货币。不管这种证券保证它的持有者取得的收益，可能像国债券那样是不变的，也不管这种证券所代表的现实资本的增殖，可能像在产业企业中那样会因再生产过程的扰乱而受到影响，在这两种场合，这种价格跌落的现象都是会发生的。只是在后一种场合，除了上述贬值以外，还会加上进一步贬值。一旦风暴过去，只要这种证券代表的不是一个破产的或欺诈性质的企业，它们就会回升到它们以前的水平。它们在危机中的贬值，会作为货币财产集中的一个有力的手段来发生作用。只要这种证券的贬值或增值同它们所代表的现实资本的价值变动无关，一国的财富在这种贬值或增值以后，和在此以前是一样的。（第46卷第530—531页）

㊽ 众所周知，汇兑率是货币金属的国际运动的晴雨计。如果英国对德国的支付多于德国对英国的支付，马克的价格，以英镑表示，就会在伦敦上涨；英镑的价格，以马克表示，就会在汉堡和柏林下跌。如果英国多于德国的这个支付义务，比如说，不能由德国在英国的超额购买来恢复平衡，向德国签发的马克汇票的英镑价格，就必然会上涨到这样一点，那时不是用汇票来支付，而是由英国向德国输出金属——金币或金块——来支付就变得合算了。这就是典型的过程。（第46卷第651页）

多少财富消失了，其实不然㊼。

不同货币的汇兑率（汇率）会受国际收支差额的影响㊽。没有一个国家可以长期存在贸易逆差，除非这个逆差是像海外投资利润那样无偿占有的剩余价值或剩余商品^⑤[3]。提高利息率在一定程度上可以阻止资本外流^⑥，但它同时会造成有价证券贬值[4]。

㊙ 如果把印度和中国合起来计算，对英国来说就是逆差，因为中国必须为购买鸦片不断向印度进行大量支付，英国又必须向中国支付。这个金额就是这样迂回地流到印度的。（第 46 卷第 655 页）单是印度就要为"德政"，为英国资本的利息和股息等等，向英国支付约 500 万镑的贡赋，这里还不包括每年寄回英国的汇款，其中部分是官吏积蓄的薪俸，部分是英国商人为在英国投资而寄回的一部分利润。每个英国殖民地，都由于同样的原因，不断地寄回大量汇款。澳大利亚、西印度、加拿大等地的大多数银行，都是用英国资本设立的，股息也必须付给英国。英国还拥有许多外国的国债券，即欧洲的、北美洲的和南美洲的国债券，从中都有利息可得。此外，英国还参与外国铁路、运河、矿山等事业，也有相应的股息。而所有这些项目的汇款，几乎完全是以超过英国输出额的产品的形式得到的。另一方面，因外国人持有英国有价证券和英国人居留国外需要消费而从英国流到国外的金额，对比之下，是微不足道的。（第 46 卷第 668 页）

㊙ 如果贵金属的这种输出的规模比较大，持续时间比较长，英国的银行准备金就会被动用，以英格兰银行为首的英国货币市场就必然会采取保护措施。我们已经看到，这种保护措施，主要就是提高利息率。在金大量流出时，货币市场通常会出现困难，就是说，对货币形式的借贷资本的需求会大大超过它的供给，因此，较高的利息率就会自然而然地形成；英格兰银行所定的贴现

率会适应于这种情况，并在市场上通行。但是也有这样的情形：金属的流出不是由于普通的商贸关系，而是由于其他的原因（例如借款给外国，向国外投资等等）引起的，伦敦的货币市场本身，没有任何理由要实际提高利息率；于是，英格兰银行就会通过在“公开市场”上大量借款，如通常所说，首先“使货币短缺”，以便人为地造成这样一种状况，好像利息的提高是有理由的，或者必要的。（第46卷第651页）

(541) 银行家把借贷货币资本大量集中在自己手中，以致与产业资本家和商业资本家相对立的，不是单个的贷出者，而是作为所有贷出者的代表的银行家。银行家成了货币资本的总管理人。另一方面，由于他们为整个商业界而借款，他们也把借入者集中起来，与所有贷出者相对立。银行一方面代表货币资本的集中，贷出者的集中，另一方面代表借入者的集中。银行的利润一般地说在于：它们借入时的利息率低于贷出时的利息率。（第46卷第453页）

(542) 在商业信用的基础上，一个人会把货币贷给在再生产过程中需用货币的另一个人。但现在这一点是采取这样的形式：一部分进行再生产的资本家把货币贷给银行家，这个银行家又把货币贷给另一部分进行再生产的资本家，因此，银行家就表现为恩赐者了；同时，对这种资本的支配权，就完全落到作为中介人的银行家手里了。（第46卷第572页）

货币经营业利用货币经营资本发展货币借贷业务，演变成为银行(541)。信用制度的发展使得资本的支配权落入银行家的手里(542)，一切暂时花不出去的货币都成

了借贷资本的积累 ⑤④。借贷资本靠同时牺
牲产业资本家和商业资本家的利益而进行

㊾ 在这里，我们首先要说到不是作为收入来花费、而是要
用于积累、但产业资本家最初还不能在他们自己的营业中利用的
那部分利润。这个利润直接存在于商品资本中，构成商品资本价
值的一部分，并且和商品资本一起实现为货币。现在，如果这个
利润不再转化为商品资本的生产要素（我们先把商人撇开，我们
将专门来谈他们），那么，它就必须在货币形式上停留一段时间。
甚至在利润率下降的时候，这部分利润的总量也会随着资本本身
总量的增加而增加。要作为收入来花费的部分，是会逐渐消费掉
的，但在消费以前的那段时间内，它会作为存款，构成银行家的
借贷资本。因此，甚至作为收入来花费的利润部分的增加，也表
现为借贷资本的逐渐的不断反复的积累。用于积累的另一部分，
也是这样。因此，随着信用事业及其组织的发展，甚至收入的增
加，即产业资本家和商业资本家消费的增加，也表现为借贷资本
的积累。并且，一切逐渐消费的收入，例如地租，高级工资，非
生产阶级的收入等等，也是这样。它们都在一定时间内采取货币
收入的形式，因此可以变为存款，并由此变为借贷资本。（第 46
卷第 569—570 页）

积累(544)[5]。公共信用制度的产生，使国债成了资本原始积累的最强有力的手段之一，但是为了给资本家还本付息，税收加剧了(545)。

(544) 借贷资本的这种迅速发展是现实积累的结果，因为它是再生产过程发展的结果，而构成这种货币资本家的积累源泉的利润，只是从事再生产的资本家榨取的剩余价值的一种扣除（同时也是对他人储蓄所得的利息的一部分的占有）。借贷资本靠同时牺牲产业资本家和商业资本家而进行积累。我们已经看到，在工业周期的各个不利阶段，利息率能够提高到这样的程度，以致暂时把一些处境特别不好的营业部门的利润全部吞掉。同时，国债券及其他有价证券的价格则会下降。这正是货币资本家大量购进这种贬值的证券的时机，而这种证券的价格，在以后的阶段，很快又恢复并超过它的正常水平。那时，它又被卖掉，因此公众的一部分货币资本就被他们占有了。没有卖出的部分则带来较高的利息，因为它是在降价时买进的。（第 46 卷第 568—569 页）

(545) 因为国债是依靠国家收入来支付年利息等等开支，所以现代税收制度就成为国债制度的必要补充。借债使政府可以应付额外的开支，而纳税人又不会立即有所感觉，但借债最终还是要求提高税收。另一方面，由于债务一笔接着一笔的积累而引起的增税，又迫使政府在遇到新的额外开支时，总是要借新债。因此，以对最必要的生活资料的课税（因而也是以它们的昂贵）为轴心的现代财政制度，本身就包含着税收自行增加的萌芽。过重的课税并不是一件偶然的事情，倒不如说是一个原则。（第 44 卷第 866 页）

以贵金属为基础的信用制度和银行制度 ⑤⑥ 是对高利贷的反击 ⑤⑦ ，并在一定程度

㊻ 决不要忘记，第一，货币——贵金属形式的货币——仍然是基础，信用制度按其本性来说永远不能脱离这个基础。第二，信用制度以社会生产资料（以资本和土地所有权的形式）在私人手里的垄断为前提，所以，一方面，它本身是资本主义生产方式固有的形式，另一方面，它又是促使资本主义生产方式发展到它所能达到的最高和最后形式的动力。（第 46 卷第 685 页）银行制度用各种形式的流通信用代替货币，这表明货币事实上无非是劳动及其产品的社会性的一种特殊表现，但是，这种社会性，和私人生产的基础相对立，归根到底总要表现为一个物，表现为和其他商品并列的一种特殊商品。（第 46 卷第 686 页）

㊼ 12 世纪和 14 世纪在威尼斯和热那亚设立的信用组合，是由于海外贸易和建立在这种基础上的批发商业需要摆脱旧式高利贷的统治和货币经营的垄断而产生的。如果说在这些城市共和国设立的真正的银行同时是使国家以未来的税收作为担保取得贷款的那种公共信用机关，那么，不应当忘记，设立这种组合的商人自己就是那些国家的第一流的人物，他们一心要使他们的政府和他们自己都摆脱高利贷的盘剥，从而更严格地更牢固地控制国家。（第 46 卷第 680—681 页）现代银行制度，一方面把一切闲置的货币准备金集中起来，并把它投入货币市场，从而剥夺了高利贷资本的垄断，另一方面又建立信用货币，从而限制了贵金属本身的垄断。（第 46 卷第 682 页）

⑤⑧ 信用制度和银行制度把社会上一切可用的、甚至可能的、尚未积极发挥作用的资本交给产业资本家和商业资本家支配，以致这个资本的贷放者和使用者，都不是这个资本的所有者或生产者。因此，信用制度和银行制度扬弃了资本的私人性质，从而自在地，但也仅仅是自在地包含着资本本身的扬弃。银行制度从私人资本家和高利贷者手中夺走了资本的分配这样一种特殊营业，这样一种社会职能。但是这样一来，银行和信用同时又成了使资本主义生产超出它本身界限的最有力的手段，也是引起危机和欺诈行为的一种最有效的工具。（第46卷第686页）

⑤⑨ 即使得到贷款的产业家或商人是没有财产的人，那也是由于相信他会用借来的资本执行资本家的职能，占有无酬劳动。他是作为可能的资本家得到贷款的。一个没有财产但精明强干、稳重可靠、有能力和经营知识的人，通过这种方式也能成为资本家（因为在资本主义生产方式中，每一个人的商业价值总会得到或多或少正确的评价），这是经济学辩护士们所赞叹不已的事情，这种情况虽然不断地把一系列不受某些现有资本家欢迎的新的幸运骑士召唤到战场上来，但巩固了资本本身的统治，扩大了它的基础，使它能够从社会下层不断得到新的力量来补充自己。（第46卷第679页）

上使资本主义生产超出了其自身的限制⑤⑧。缺乏资本的人也能通过信用获得执行资本家的职能和成为资本家的机会，这样就巩固了资本本身的统治，扩大了它的基础⑤⑨。只有消灭资本主义生产方式才能消灭信用和信用制度⑤。

㊿ 只要生产资料不再转化为资本（这里也包括土地私有制的废除），信用本身就不会再有什么意义，而这一点，甚至圣西门主义者也是懂得的。另一方面，只要资本主义生产方式继续存在，生息资本就作为它的形式之一继续存在，并且事实上形成它的信用制度的基础。（第46卷第687页）

第 24 讲

资本主义地租

㉕ 为了全面起见，必须指出，在这里，只要水流等等属于一个所有者，是土地的附属物，我们也把它作为土地来理解。（第46卷第694—695页）

㉖ 生产剩余价值即直接从工人身上榨取无酬劳动并把它固定在商品上的资本家，是剩余价值的第一个占有者，但决不是剩余价值的最后所有者。以后他还必须同在整个社会生产中执行其他职能的资本家，同土地所有者等等，共同瓜分剩余价值。因此，剩余价值分为各个不同的部分。它的各部分归不同类的人所有，并具有不同的、互相独立的形式，如利润、利息、商业利润、地租等等。（第44卷第651页）不管资本主义生产者自己握有的或分给别人的剩余价值的比例如何，他总是最先占有剩余价值。（第44卷第652页）

㉗ 地租归结为超过利润的余额。在这个资本主义的基础上，地租以后还会增加，它是利润（即看作总资本的产物的剩余价值）的一部分，但不是这个产物中被资本家装进腰包的那个特殊部分。（第46卷第271页）一切地租都是剩余价值，是剩余劳动的产物。地租在它的不发达的形式即实物地租的形式上，还直接是剩余产品。（第46卷第715页）

在需要使用土地㉕的情况下，例如租地农场主雇佣农业工人耕种土地时，产业资本家除了要和商人资本家等瓜分剩余价值外，还要和土地所有者分享剩余价值㉖。土地所有者分到的剩余价值称为地租㉗，它是土地所有权在经济上借以

实现的形式 ^⑤。

　　资本主义使土地和土地所有权完全分离，使农业有可能按社会化的方式经营，进而使土地所有权转化为纯粹的经济权力 ^⑤。土地所有权是一种垄断权力，它能

　　⑤㉔ 资本主义生产方式的前提是：实际的耕作者是雇佣工人，他们受雇于一个只是把农业作为资本的特殊开发场所，作为对一个特殊生产部门的投资来经营的资本家即租地农场主。这个作为租地农场主的资本家，为了得到在这个特殊生产场所使用自己资本的许可，要在一定期限内（例如每年）按契约规定支付给土地所有者即他所开发的土地的所有者一个货币额（和货币资本的借入者要支付一定利息完全一样）。这个货币额，不管是为耕地、建筑地段、矿山、渔场还是为森林等等支付的，统称为地租。这个货币额，在土地所有者按契约把土地租借给租地农场主的整个时期内，都要进行支付。因此，在这里地租是土地所有权在经济上借以实现即增殖价值的形式。其次，在这里我们看到了构成现代社会骨架的三个并存的而又互相对立的阶级——雇佣工人、产业资本家、土地所有者。（第 46 卷第 698 页）

　　⑤㉕ 一方面使农业合理化，从而才使农业有可能按社会化的方式经营，另一方面，把土地所有权变成荒谬的东西，——这是资本主义生产方式的巨大功绩。资本主义生产方式的这种进步，同它的所有其他历史进步一样，首先也是以直接生产者的完全贫困化为代价而取得的。（第 46 卷第 697 页）

○556　土地所有权的前提是，一些人垄断一定量的土地，把它作为排斥其他一切人的、只服从自己私人意志的领域。（第46卷第695页）土地的这种使用，完全取决于不以他们的意志为转移的经济条件。（第46卷第695—696页）价值量，剩余价值量，以及这个剩余价值的一部分向地租的转化，都取决于社会生产过程，取决于商品生产一般的发展。（第46卷第719页）

○557　单纯法律上的土地所有权，不会为土地所有者创造任何地租。但这种所有权使他有权不让别人去使用他的土地，直到经济关系能使土地的利用给他提供一个余额，而不论土地是用于真正的农业，还是用于其他生产目的，例如建筑等等。他不能增加或减少这个就业场所的绝对量，但能增加或减少市场上的土地量。（第46卷第856—857页）

○558　这种超额利润，同样也就等于这个处于有利地位的生产者的个别生产价格和这整个生产部门的一般的、社会的、调节市场的生产价格之间的差额。这个差额，等于商品的一般生产价格超过它的个别生产价格的余额。（第46卷第722—723页）

带来多大的利益则取决于土地之外的经济状况 ○556。单纯法律上的土地所有权，不会为土地所有者创造任何地租 ○557。

由于生产条件不同，一些生产者的个别生产价格低于市场生产价格，从而可以获得超额利润 ○558。如果这些生产条件不是资本家的投入可以决定的，就会成为对资本家的限制⑤⑨。于是，凭借所有权控制了这些生产条件的人，如土地所有者和知识产权拥有者，就可以要求资本家将使用这些生产条件得到的超额利润转化为租金支付给他们⑥⓪，如地租和专利使用费⑥①。

⑤⑨ 占有瀑布的那一部分工厂主，不允许不占有瀑布的那一部分工厂主利用这种自然力，因为土地是有限的，而有水力资源的土地更是有限的。（第 46 卷第 727 页）这种自然力的占有，在它的占有者手中形成一种垄断，成为所投资本有较高生产力的条件，这种条件是不能由资本本身的生产过程创造的；能够这样被人垄断的这种自然力，总是和土地分不开的。这样的自然力，既不是相关生产部门的一般条件，也不是该生产部门一般都能创造的条件。（第 46 卷第 727 页）

⑥⓪ 即使瀑布所在的土地是作为无主的土地由工厂主来利用，这种超额利润也会存在。所以，土地所有权并不创造那个转化为超额利润的价值部分，而只是使土地所有者，即瀑布的所有者，能够把这个超额利润从工厂主的口袋里拿过来装进自己的口袋。（第 46 卷第 729 页）

⑥① 如果那些使他能加速资本周转的条件本身是可以买卖的，例如店铺的位置，那么，他就要为此付出额外的租金，也就是说，把他的一部分超额利润转化为地租。（第 46 卷第 350 页）

⑤⑥⑫ 这种地租总是级差地租，因为它并不作为决定要素加入商品的一般生产价格，而是以这种生产价格为前提。它总是产生于支配着一种被垄断的自然力的个别资本的个别生产价格和投入该生产部门的一般资本的一般生产价格之间的差额。（第 46 卷第 728 页）

⑤⑥⑬ 级差地租的这两个不同的原因，肥力和位置，其作用可以是彼此相反的。一块土地可能位置很好，但肥力很差；或者情况相反。（第 46 卷第 733 页）整个社会生产的进步，一方面，由于它创造了地方市场，并且通过建立交通运输手段而使位置变得便利，所以对形成级差地租的位置会发生拉平的作用；另一方面，由于农业和工业的分离，由于一方面大的生产中心的形成，以及由于另一方面农村的相对孤立化，土地的地区位置的差别又会扩大。（第 46 卷第 733 页）级差地租可以和农业的进步结合在一起。它的条件只是土地等级的不同。在涉及到生产率的发展时，级差地租的前提就是：土地总面积的绝对肥力的提高，不会消除这种等级的不同，而是使它或者扩大，或者不变，或者只是缩小。（第 46 卷第 743 页）

由于个别生产价格低于市场生产价格而产生的地租，是级差地租⑤⑥。肥力和位置是产生级差地租的两个重要原因，两者都与生产力的发展有关⑤⑥。但级差地租所依赖的较高水平的生产力并不是形成级差地租的超额利润的源泉。如果不是市场需要过大，以至于不得不利用更大量的较低水平的生产力，市场生产价格也就不会提高，那样也就产生不了超额利润，形成不了级差地租㊹。这表明级差地租的前提是具有不同个别生产价格的同一商品具有相同的市场价格，而购买者都要按照由最高生产价格决定的市场价格㊺付费㊻[1]。

级差地租反映出同量的资本可以形成不同的生产价格，进而产生不同的收益㊼。

㊽ 自然力不是超额利润的源泉，而只是超额利润的一种自然基础，因为它是特别高的劳动生产力的自然基础。（第 46 卷第 728 页）如果不同的价值不平均化为生产价格，不同的个别生产价格不平均化为一般的调节市场的生产价格，那么，通过使用瀑布而引起的劳动生产力的单纯的提高，就只会减低那些利用瀑布生产的商品的价格，而不会增加这些商品中包含的利润部分。（第 46 卷第 728—729 页）地租产生于用蒸汽机生产的同种商品的生产价格，这种价格的调节和瀑布没有关系。（第 46 卷第 729 页）

㊾ 如果没有谷物的自由进口，或者因自由进口的数量很小，影响有限，那么，市场价格就要由耕种较坏的土地的生产者来决定，就是说，要由在低于平均生产条件的较不利条件下进行经营的生产者来决定。（第 46 卷第 762—763 页）

㊿ 但如果说，在资本主义生产由联合体代替以后，产品的价值还依旧不变，却是错误的。同种商品的市场价格的等同性，是价值的社会性质在资本主义生产方式的基础上，以及一般说来在一种以个人之间的商品交换为基础的生产基础上借以实现的方式。被当作消费者来看的社会在土地产品上过多支付的东西，社会劳动时间实现在农业生产上时形成负数的东西，现在对社会上的一部分人即土地所有者来说却成了正数。（第 46 卷第 745 页）

567 级差地租实质上终究只是投在土地上的等量资本所具有的不同生产率的结果。（第 46 卷第 759 页）

⑤⑥⑧ 资本有时连续投在同一块土地上，有时并行地投在新追加的土地上。（第46卷第834页）

⑤⑥⑨ 级差地租Ⅰ，就是说，是肥力和位置不同的各级土地的同时并行的耕种，也就是农业总资本的不同组成部分在不同质的地块上同时并行的使用。（第46卷第761页）

⑤⑦⑩ 生产率不同的各资本量连续投在同一地块上和同时投在不同地块上，假定结果相同，这是否会有什么差别呢？首先，不能否认，就超额利润的形成来说，这两种场合是毫无差别的。（第46卷第759页）在投资相等的情况下，土地仍然显示出不同的肥力，不过，在这里一个资本分成几个部分相继投在同一土地上所完成的事情，也就是级差地租Ⅰ的场合下社会资本各等量部分投在各级土地上所完成的事情。（第46卷第763页）

⑤⑦⑪ 我们说一英亩A级土地即调节生产价格的土地会按某种价格提供若干产品，较好的B、C、D级土地会提供若干级差产品，因而在那个起调节作用的价格下会提供若干货币地租，这时，我们总是假定，这里投入的是现有生产条件下已被看作标准的一定资本额。正如在工业中一样，每个营业部门都必须有一定的最低限额的资本，才可以按照商品的生产价格来生产商品。如果由于在同一土地上有了和各种改良结合在一起的、连续的投资，这个最低限额发生了变化，那么，这也是逐渐发生的。（第46卷第798页）在增大的投资现在已成为标准的条件下，在每个

它因资本投资方式的不同⑤⑥⑧而有两种并行的形式。第一种形式（级差地租Ⅰ）来源于对不同土地投资的收益差额⑤⑥⑨，第二种形式（级差地租Ⅱ）来源于对同一地块连续投资产生的收益差额⑤⑦⑩。由于可以对同一地块连续投资，土地所有者会根据一个平均的或正常的投资额来确定级差地租Ⅰ⑤⑦⑪。

土地所有者还会尽量缩短租期，并占有租地农场主改良土地的成果⑤，避免租地农场主在签订租约后加大投资独享级差地租 II⑤。这会妨碍租地农场主在土地上的投资⑤。因此，从现代生产的发展来看⑤，私人的土地所有权是多余

场合，级差地租都是由该级土地提供的平均产量同最坏土地的产量相比而形成的差额决定的。（第 46 卷第 797—798 页）

⑤ 地租是在土地出租时确定的，此后，在租约有效期间，由连续投资所产生的超额利润落入租地农场主的腰包。正因为这样，租地农场主总是力争签订长期租约；但另一方面，由于地主占优势，每年都可解除的租约增加了。（第 46 卷第 760 页）

⑤ 这同时是合理农业的最大障碍之一，因为租地农场主避免进行一切不能期望在自己的租期内完全收回的改良和支出。（第 46 卷第 700 页）

⑤ 契约规定的租期一满，在土地上实行的各种改良，就要作为实体的即土地的不可分离的偶性，变为土地所有者的财产。这就是为什么随着资本主义生产的发展，土地所有者力图尽可能地缩短租期的原因之一。（第 46 卷第 699 页）在真正的农业中，这个过程还不像土地作为建筑地段使用的场合表现得那么明显。在英国，用于建筑目的而不是作为自由地出卖的土地的绝大部分，由土地所有者按 99 年的期限出租，或者有可能时按较短的期限出租。这个期限一满，建筑物就随同土地本身一起落入土地所有者手中。（第 46 卷第 700—701 页）

⑤ 土地只要处理得当，就会不断改良。土地的优点是，各个连续的投资能够带来利益，而不会使以前的投资丧失作用。不过这个优点同时也包含着这些连续投资在收益上产生差额的可能性。（第 46 卷第 883 页）

○576 土地所有权的正当性，和一定生产方式的一切其他所有权形式的正当性一样，要由生产方式本身的历史的暂时的必然性来说明，因而也要由那些由此产生的生产关系和交换关系的历史的暂时的必然性来说明。当然，像我们以后会看到的那样，土地所有权同其他各种所有权的区别在于：在一定的发展阶段，甚至从资本主义生产方式的观点来看，土地所有权也是多余而且有害的。（第46卷第702页）

○577 从一个较高级的经济的社会形态的角度来看，个别人对土地的私有权，和一个人对另一个人的私有权一样，是十分荒谬的。甚至整个社会，一个民族，以至一切同时存在的社会加在一起，都不是土地的所有者。他们只是土地的占有者，土地的受益者，并且他们应当作为好家长把经过改良的土地传给后代。（第46卷第878页）社会上一部分人向另一部分人要求一种贡赋，作为后者在地球上居住的权利的代价，因为土地所有权本来就包含土地所有者剥削地球的躯体、内脏、空气，从而剥削生命的维持和发展的权利。（第46卷第875页）

○578 只要各追加资本是以超额生产率投在同一土地上，即使这种生产率越来越下降，每英亩的绝对的谷物地租和货币地租也会增加，虽然相对地即和预付资本相比（即超额利润率或地租率）会降低。（第46卷第829页）投资的超额生产力的递减，在生产价格不变的时候，会不断增加每英亩的地租，甚至在生产价格下降的时候，也会产生这样的结果。（第46卷第842—843页）

且有害的 ○576。更何况，它还是对真正的天赋人权的剥夺 ○577。

从级差地租Ⅱ来看，追加投资的生产率下降，反而会增加地租 ○578。如果在较好土地上的追加投资的收益不如最差土地上的投资收益，当这种追加投资成为必要时，最差土地也能提供级差地租。

建筑业的级差地租更看重土地的位置而不是肥力⑲，因此，房地产投机的对象是土地而不是房屋⑳。

不能提供级差地租的最坏土地如果要被耕种，也必须向土地所有者提供一份地租，否则就是对土地所有权事实上的废除㉛。这只有在农产品的出售价格高于

⑲ 这种地租的特征在于：首先，位置在这里对级差地租具有决定性的影响（例如，这对葡萄种植业和大城市的建筑地段来说，是十分重要的）。（第 46 卷第 874 页）

⑳ 不可能把房租（就其作为投在房屋上的资本的利息和折旧来说）同单纯土地的地租混为一谈，特别在土地所有者和建筑投机家完全是不同的人的时候（例如在英国）。（第 46 卷第 875 页）在迅速发展的城市内，特别是在像伦敦那样按工厂大规模生产方式从事建筑的地方，建筑投机的真正主要对象是地租，而不是房屋。（第 46 卷第 875—876 页）建筑本身的利润是极小的；建筑业主的主要利润，是通过提高地租，巧妙地选择和利用建筑地点而取得的。（第 45 卷第 261 页）

㉛ 如果我们考察一下在一个实行资本主义生产的国家中，资本可以投在土地上而不付地租的各种情况，那么，我们就会发现，所有这些情况都意味着土地所有权的废除，即使不是法律上的废除，也是事实上的废除。（第 46 卷第 849 页）资本正常增殖的条件在 A 级土地上现已存在。但是，即使假定租地农场主不能支付地租，现在只能够按资本增殖的平均条件在 A 级土地上进行投资，从这个前提出发也决不能得出结论说：这个属于 A 级的土地，现在会立即让租地农场主去支配。租地农场主不支付地租而能按普通利润来增殖他的资本这一事实，对土地所有者来说，决不是把土地白白借给租地农场主并如此慈善地给这位营业伙伴以

无息信贷的理由。这样一个前提，意味着土地所有权被抽象掉，土地所有权被废除。而土地所有权的存在，正好是对投资的一个限制，正好是对资本在土地上任意增殖的一个限制。（第46卷第849页）

㉒ A级土地产品的价格，不是由它的生产价格来调节，而包含着一个超过它的生产价格的余额，即 =P+r。既然假定资本主义生产方式处于正常状态，也就是说，既然假定租地农场主支付给土地所有者的这个余额r，不是从工资中扣除的，也不是从资本的平均利润中扣除的，那么，他能够支付这个余额，就只是因为他的产品高于生产价格出售，因此，如果他不把这个余额以地租形式支付给土地所有者，他的产品就会给他提供一个超额利润。这样，各级土地在市场上的全部产品的起调节作用的市场价格，就不是资本一般在一切生产部门都会提供的那个生产价格（等于费用加上平均利润），而是生产价格加上地租了，不是P，而是P+r了。因为A级土地产品的价格，一般来说代表起调节作用的一般市场价格的界限，即代表使总产品能够得到供给的那种价格的界限，并且就这一点来说，调节着这个总产品的价格。（第46卷第847页）

市场生产价格的情况下才有可能㉓。这种可能性是存在的，因为农业的资本有机构成较低，农产品的生产价格低于其价值。资本自由流动导致低有机构成的工业品要按低于其价值的生产价格出售㉝，但土地所有权妨碍了资本的自由流动，也妨碍了农产品按市场生产价格出售。农产品如果按价值出售，就会因为价值与市场生产价格即最坏土地的生产价格之间的差额而形成超额利润，这个超额利润会转化为最差土地的地租，称为绝对地租㉞。而较好土地的地租也会在级差

㉝ 土地产品高于它们的生产价格出售这一事实，决不证明它们也高于它们的价值出售，正如工业品平均按它们的生产价格出售这一事实，决不证明它们是按它们的价值出售一样。农产品高于它们的生产价格但低于它们的价值出售的现象是可能的；另一方面同样可能的是，许多工业品只是因为高于它们的价值出售，才提供生产价格。（第 46 卷第 858 页）

㉞ 绝对地租的本质在于：不同生产部门内的各等量资本，在剩余价值率相等或劳动的剥削程度相等时，会按它们的不同的平均构成，生产出不等量的剩余价值。在工业上，这些不同的剩余价值量，会平均化为平均利润，平均分配在作为社会资本的相应部分的各个资本上。在生产上要用土地时，不论是用在农业上还是用在原料的开采上，土地所有权都会阻碍投在土地上面的各个资本的这种平均化过程，并攫取剩余价值的一部分，否则这一部分剩余价值是会进入平均化为一般利润率的过程的。这样，地租就成了商品价值的一部分，更确切地说，成了商品剩余价值的一部分，不过它不是落入从工人那里把它榨取出来的资本家阶级手中，而是落入从资本家那里把它榨取出来的土地所有者手中。（第 46 卷第 872 页）

⑤⑧⑤ 虽然地租会包含一个和级差地租规律无关的要素，并且会随土地产品的价格同时得到普遍的增加，但是，级差地租仍然不变，并且受同一规律调节。由此可见，不管最不肥沃的土地的地租的情况怎样，级差地租的规律都不仅和这种地租无关，而且理解级差地租性质的惟一方法，就是假定 A 级土地的地租 =0。不管它恰好 =0，还是 >0。（第 46 卷第 847—848 页）

⑤⑧⑥ 无论这个绝对地租等于价值超过生产价格而形成的全部余额，还是只等于其中的一部分，农产品总是按垄断价格出售，这并不是因为它们的价格高于它们的价值，而是因为它们的价格等于它们的价值，或者，因为它们的价格低于它们的价值，但又高于它们的生产价格。农产品的垄断在于：它们不像价值高于一般生产价格的工业品那样，会平均化为生产价格。（第 46 卷第 862 页）

⑤⑧⑦ 除此以外，地租只能以真正的垄断价格为基础，这种垄断价格既不是由商品的生产价格决定，也不是由商品的价值决定，而是由购买者的需要和支付能力决定。（第 46 卷第 864 页）

地租上加上这个绝对地租㊱。

土地所有权的存在使得农产品总是按垄断价格出售㊱[2]。不过，真正的垄断价格是农产品高于其价值出售时的价格，这个价格是在生产和销售方囤积居奇的情况下由购买者的刚需决定的㊲。笔者称之为刚需价格，其超出价值部分的超额利润所转化的地租称为刚需地租。

为了清晰地表明资本主义各种地租形式，笔者制作了下图：

刚需价格

刚需地租

商品价值

绝对地租

市场生产价格

级差地租

个别生产价格

资本主义地租图

土地不是劳动的产物，它的价格是地租的资本化⑱。这与机器等生产资料的

⑱ 假定平均利息率是 5%，那么一个每年 200 镑的地租就可以看作一个 4000 镑的资本的利息。这样资本化的地租形成土地的购买价格或价值，一看就知道，它和劳动的价格完全一样，是一个不合理的范畴，因为土地不是劳动的产品，从而没有任何价值。可是，另一方面，在这个不合理的形式的背后，却隐藏着一种现实的生产关系。如果一个资本家用 4000 镑购买的土地每年提供 200 镑地租，那么，他从这 4000 镑得到 5% 的年平均利息，这和他把这个资本投在有息证券上，或按 5% 的利息直接借出去完全一样。这是一个 4000 镑的资本按 5% 增殖。在这个假定下，他就会在 20 年内用他的地产的收入，补偿这一地产的购买价格。因此，在英国，土地的购买价格，是按年收益若干倍来计算的，这不过是地租资本化的另一种表现。实际上，这个购买价格不是土地的购买价格，而是土地所提供的地租的购买价格，它是按普通利息率计算的。（第 46 卷第 702—703 页）

㊙️ 土地价格对生产者来说是成本价格的要素，但对产品来说不是生产价格的要素（即使地租会参加决定土地产品的价格，但预付 20 年或更多年数的资本化的地租，决不会参加决定土地产品的价格）。（第 46 卷第 917 页）

㊙️ 一旦一国的土地全部被占有，一旦土地投资、耕作和人口达到一定的水平，——一旦资本主义生产方式取得统治地位，并且也支配着农业，以上这些条件就会作为前提存在，——各种质量的未耕地的价格（假定只有级差地租存在），就是由具有相同质量和相等位置的已耕地的价格决定的。（第 46 卷第 753 页）

价格反映其价值或生产价格很不相同，而与技术专利费类似㊙️。尚未收租的未耕地的价格是由已耕地的价格决定的㊙️。

第 25 讲

各种收入及其源泉

收入是对价值的占有。工人靠出卖劳动力并辛苦劳动来占有他所创造的价值的一部分，形成他的收入的源泉。他用这个收入再生产出自己的劳动力，然后继续出卖这个劳动力并辛苦劳动以获得新的收入(591)。资本家不费分文地占有了工人创造的剩余价值，他能够把它全部作为收入消费掉，或者与土地所有者等其他参与者分享(592)。

(591) 劳动力的不断出卖，成为工人维持生活的不断更新的源泉，于是，他的劳动力就表现为他取得自己赖以生活的收入的能力。在这里，收入只不过意味着通过不断地反复出卖一种商品（劳动力）而占有价值，而这些价值本身仅仅是用来不断再生产出这种要出卖的商品。（第 45 卷第 423 页）虽然这个由工人不断再生产出来的新价值，形成工人收入的源泉，但是他的收入并不反过来形成他所生产的新价值的组成部分。在他所创造的新价值中支付给他的那部分的量，决定他的收入的价值大小，而不是相反。（第 45 卷第 423 页）

(592) 还有一个余额：剩余价值。这个价值，和补偿预付在工资上的可变资本的价值部分一样，是工人在生产过程中新创造的价值——凝固的劳动。不过，它并不需要全部产品的所有者即资本家花费分文。这种情况实际上使资本家能够把这个价值全部作为收入消费掉，除非他要从中取出某些部分，转给另外的参与者，比如作为地租转给土地所有者，这时，这些部分就形成这种第三者的收入。（第 45 卷第 430 页）

利润、地租、工资形成三个阶级即资本家、土地所有者和工人的逐年收入。这些收入是由职能资本家进行分配的㊾。商品价值是收入的源泉，而不是相反㊾，不能把商品价值中活劳动新创造的价值

㊾ 资本逐年为资本家提供利润，土地逐年为土地所有者提供地租，劳动力——在正常条件下，并且在它仍然是可以使用的劳动力的时期内——逐年为工人提供工资。每年生产的总价值中的这三个价值部分，以及每年生产的总产品中和它们相适应的部分，——在这里我们先撇开积累不说，——可以每年由它们各自的所有者消费掉，而不致造成它们的再生产源泉的枯竭。它们好像是一棵长生树上或者不如说三棵长生树上的每年供人食用的果实，它们形成三个阶级即资本家、土地所有者和工人的逐年收入。这些收入，是由职能资本家作为剩余劳动的直接吸取者和一般劳动的使用者来进行分配的。（第 46 卷第 930 页）

㊾ 把收入看成是商品价值的源泉，不把商品价值看成是收入的源泉，这是一种颠倒。按照这种颠倒的看法：商品价值好像是由不同种类的收入"构成"的；这各种收入是互不影响地决定的，而商品的总价值是由这些收入的价值量加在一起决定的。但现在要问，被认为是商品价值源泉的各种收入，它们各自的价值又是怎样决定的呢？就工资说，它是可以决定的，因为工资是它的商品即劳动力的价值，而这个价值（和任何其他商品的价值一样）可以由再生产这种商品所必要的劳动决定。但剩余价值，或者在亚·斯密那里确切地说是它的两个形式，即利润和地租，又怎样才可以决定呢？在这方面，亚·斯密只是说了一些空话。（第 45 卷第 424—425 页）

㊙ 如果商品价值中体现新追加到生产资料价值上的劳动的部分，会分解成以各种收入形式取得互相独立的形态的不同部分，那么，决不能因此就把工资、利润和地租看作这样一些构成要素，从这些要素的结合或总和中会产生出商品本身的起调节作用的价格（"自然价格"，"必要价格"），因而，商品价值，在扣除不变价值部分后，不是一个原始的会分成这三部分的统一体，相反，这三部分中每一部分的价格都是独立地决定的，只要这三个独立的量相加，就形成商品的价格。实际上，商品价值是一个已定的量，不管工资、利润、地租相互间的相对量如何，商品价值总是它们的全部价值的整体。而按照上述错误的见解，工资、利润、地租是三个独立的价值量，它们的总量产生、限制和决定商品价值量。（第 46 卷第 976—977 页）如果使用的劳动量和以前相同，尽管预付资本由于它的可变部分的增加而增大，产品的价值和总量却仍旧不变。（第 46 卷第 970 页）

部分视为由工资、利润和地租这三个相互独立的价值量合成㊉。

一切不直接参加再生产的社会成员，如政府官员、大学教授等，特别是体育明星和娱乐明星，他们的收入都是派生的收入，都来自首先得到产品的那几个阶级⁵⁹⁶。

资本—利润（企业主收入加上利息），土地—地租，劳动—工资，这个三位一体的收入公式在现代西方经济学中变成了四位一体的公式，即资本—利息，企业家才能—利润（企业主收入），土地—地租，劳动—工资⁵⁹⁷。这两个公式都是不

⑯ 一切不直接参加再生产的社会成员，不管劳动与否，首先只能从首先得到产品的那几个阶级，即生产工人、产业资本家和土地所有者的手中，取得自己在年商品产品中的份额，即取得自己的消费资料。就这一点说，他们的收入在物质上是由（生产工人的）工资、利润和地租派生出来的，因此，和那些原始的收入相对而言，表现为派生的收入。但是另一方面，在这个意义上的派生的收入的接受人，是靠他们作为国王、牧师、教授、娼妓、士兵等等的社会职能来取得这种收入的，因此他们可以把自己的这种职能看作是他们的收入的原始源泉。（第 45 卷第 412—413 页）

⑰ 资本—利润（企业主收入加上利息），土地—地租，劳动—工资，这就是把社会生产过程的一切秘密都包括在内的三位一体的形式。其次，因为正如以前已经指出的那样，利息表现为资本所固有的、独特的产物，与此相反，企业主收入则表现为不以资本为转移的工资，所以，上述三位一体的形式可以进一步归结为：资本—利息，土地—地租，劳动—工资；在这个形式中，利润，这个体现资本主义生产方式的独特特征的剩余价值形式，就幸运地被排除了。（第 46 卷第 921—922 页）

㊞庸俗经济学丝毫没有想到，被它当作出发点的这个三位一体：土地—地租，资本—利息，劳动—工资或劳动价格，是三个显然不可能组合在一起的部分。首先，我们看到的是没有价值的使用价值土地和交换价值地租：于是，一种当作物来理解的社会关系，竟被设定在同自然的一种比例关系上；也就是说，让两个不能通约的量互相保持一种比例。然后是资本—利息。如果资本被理解为一定的、在货币上取得独立表现的价值额，那么，说一个价值是比它的所值更大的价值，显然是无稽之谈。正是在资本—利息这个形式上，一切中介都消失了，资本归结为它的最一般的、但因此也就无法从它本身得到说明的和荒谬的公式。正是由于这个缘故，庸俗经济学家宁愿用资本—利息这个公式，而不用资本—利润这个公式，因为前一个公式具有价值和它自身不相等这一神秘性质，而后一个公式却和现实的资本关系较为接近。不过，由于庸俗经济学家不安地感到，4 不是 5，因而 100 塔勒不可能是 110 塔勒，所以他又抛开作为价值的资本，而求助于资本的物质实体，求助于资本的作为劳动生产条件的使用价值，如机器、原料等等。这样一来，为了代替前一个无法理解的 4=5 的关系，就又重新搬出一个完全不能通约的关系，即一方是使用价值，是物，另一方是一定的社会生产关系，是剩余价值；这就像在土地所有权的场合见到的情形一样。对庸俗经济学家来说，只要他达到了这种不能通约的关系，一切就都清楚了，他就不感到还有进一步深思的必要了。因为，他正好达到了资产阶级观念上的"合

成立的 ㊞[1]，例如，土地本身不创造地租所代表的价值量，而且也不是土地得到了地租，而是没有任何（生产要素）贡献的

土地所有者凭借权力（土地所有权）得到了地租 ⑤⑧。

"劳动—工资"的说法也是不合理的。劳动创造价值，但它与价值的分配无关，更与劳动力是否成为商品无关，而工资是劳动力成为商品的结果 ⑩。"资本—利润"的说法同样不正确。从资本家对工人的剥削来看，资本得到的剩余价值包括利润和

理"了。最后，劳动—工资，劳动的价格，像我们在第一册中所证明过的那样，这种说法显然是和价值的概念相矛盾的，也是和价格的概念相矛盾的，因为一般说来，价格只是价值的一定表现；而"劳动的价格"是和"黄色的对数"一样不合理的。但在这里，庸俗经济学家才感到真正的满足，因为他现在终于达到了资产者认为他为劳动支付了货币这一深刻见解，并且因为恰好这个公式和价值概念的矛盾使他免除了理解价值的义务。（第 46 卷第 925—926 页）

⑤⑨ 不是土地得到了产品中归土地所有的那一部分，用来恢复和提高土地的生产率，而是土地所有者得到了这个产品的一部分，用来高价售卖和挥霍浪费。（第 46 卷第 934 页）

⑩⑩ 就劳动形成价值，并体现为商品的价值来说，它和这个价值在不同范畴之间的分配无关。就劳动具有雇佣劳动的特殊的社会性质来说，它不形成价值。整个说来，我们以前已经指出，工资或劳动的价格只是劳动力的价值或价格的不合理的说法；并且，这种劳动力出售时所处的一定的社会条件同作为一般生产要素的劳动无关。劳动也对象化在商品的一个价值部分即那个作为工资构成劳动力价格的价值部分中；它创造产品的这个部分，和创造产品的其他部分一样；不过，它对象化在这个部分中，和对象化在形成地租或利润的那些部分中相比，不会更多些，也没有什么不同。而且整个说来，当我们把劳动确定为形成价值的要素时，我们不是从它作为生产条件的具体形式上来考察它，而是从一种和雇佣劳动的社会规定性不同的社会规定性上来考察它。（第 46 卷第 932 页）

⑩ 甚至"资本—利润"这个说法，在这里也是不正确的。如果仅从资本生产剩余价值这方面来说，也就是，从资本对工人的关系，即资本通过对劳动力即对雇佣工人的强制来榨取剩余劳动的关系来说，那么，这个剩余价值，除了包括利润（企业主收入加上利息）之外，还包括地租，总之，包括全部没有分割的剩余价值。相反，在这里，资本作为收入的源泉，只和归资本家所有的那部分有关。这不是资本榨取的全部剩余价值，而只是资本为资本家榨取的那部分剩余价值。一旦这个公式转化为"资本—利息"的公式，一切联系就更看不出来了。（第46卷第932—933页）

⑩ 利润（企业主收入加上利息）和地租，不外是商品剩余价值的各个特殊部分所采取的独特形式。剩余价值的大小，是剩余价值可以分割成的各个部分的总和的界限。（第46卷第943页）

⑩ 由于劳动生产力的不断变动，生产某个商品的社会必要劳动的量也会不断变动，在这种情况下，有一部分商品总是要在不正常的条件下生产出来，因而总是要低于自己的个别价值出售，单是由于这一原因，剩余劳动就已经不会全部实现。但无论如何，利润加上地租等于全部已实现的剩余价值（剩余劳动），而对我们这里的研究来说，已实现的剩余价值可以看作同全部剩余价值相等；因为利润和地租就是已实现的剩余价值，总的说来，也就是加入商品价格的剩余价值，因而实际上也就是形成这个价格的一个组成部分的全部剩余价值。（第46卷第944页）

地租在内的全部没有分割的剩余价值，而"资本—利润"的说法却只计算了归资本家所有的那一部分⑩。

剩余价值的分割不影响剩余价值的总量⑩。由于劳动生产力的不断变动，一些商品会贬值，从而生产出来的剩余价值也不会全部实现。利润加上地租只是等于全部已实现的剩余价值⑩。

剩余价值的界限由价值规律决定，剩余价值的分割由竞争决定⑩。竞争不创造价值，也不创造利润⑩，但能使价值规律

⑩ 就利润分割为利息和企业主收入来说，平均利润本身就是二者总和的界限。平均利润提供一定量的价值由它们去分割，并且也只有这个量能够由它们去分割。在这里，特定的分割比例具有偶然性，这就是说，完全要由竞争关系来决定。在其他场合，供求相抵等于消除市场价格同它的起调节作用的平均价格的偏离，即等于消除竞争的影响，而在这里，竞争则是惟一的决定的要素。（第 46 卷第 976 页）

⑩ 竞争只能使同一个生产部门内的生产者以相等的价格出售他们的商品，并使不同生产部门内的生产者按照这样一个价格出售商品，这个价格使他们得到相同的利润，得到已经部分地由工资决定的商品价格上的同一比例的加价。因此，竞争只能使不等的利润率平均化。要使不等的利润率平均化，利润作为商品价格的要素必须已经存在。竞争不创造利润。利润的水平，在平均化过程发生的时候便形成了。竞争不过使它提高或降低，但并不创造它。（第 46 卷第 979 页）

⑥⑥ 一方面，劳动只作为社会劳动起作用；另一方面，这个社会劳动的分配，它的产品的互相补充，它的产品的物质变换，它从属于和被纳入社会的传动机构，这一切却听任资本主义生产者个人偶然的、互相抵消的冲动去摆布。因为这些人不过作为商品所有者互相对立，每个人都企图尽可能以高价出售商品（甚至生产本身似乎也只是由他们任意调节的），所以，内在规律只有通过他们之间的竞争，他们互相施加的压力来实现，正是通过这种竞争和压力，各种偏离得以互相抵消。在这里，价值规律不过作为内在规律，对单个当事人作为盲目的自然规律起作用，并且是在生产的偶然波动中，实现着生产的社会平衡。（第46卷第996页）

⑥⑦ 某些商品的垄断价格，不过是把其他商品生产者的一部分利润，转移到具有垄断价格的商品上。剩余价值在不同生产部门之间的分配，会间接受到局部的干扰，但这种干扰不会改变这个剩余价值本身的界限。如果这种具有垄断价格的商品进入工人的必要的消费，那么，在工人照旧得到他的劳动力的价值的情况下，这种商品就会使工资提高，并从而使剩余价值缩小。它也可能使工资被压低到劳动力的价值以下，但是工资只不过要高于身体上的最低限度。在这种场合，垄断价格就要通过对实际工资（即工人靠同量劳动而得到的使用价值的量）的扣除和对其他资本家的利润的扣除来支付。垄断价格能够在什么界限内影响商品价格的正常调节，是可以确定和准确计算出来的。（第46卷第975—976页）

对单个资本家作为盲目的自然规律起作用，实现生产的社会平衡⑥⑥。即便垄断使得商品高于价值和生产价格出售，也不会改变价值规律⑥⑦。

工人的总劳动所创造的总价值分割为
工资、利润和地租，在这个总价值中并没
有再生产出不变资本部分的价值⑥。不变
资本的补偿不需要追加劳动，但没有新的
劳动使不变资本的价值得以转移并制造新
的使用价值，不变资本也得不到补偿⑥。

⑥⑧ 商品中代表工人在一天或一年内所追加的总劳动的总价
值部分，即年产品中由这个劳动所创造的总价值，分为工资价
值、利润和地租。因为，这个总劳动分为必要劳动和无酬的剩余
劳动，工人通过必要劳动创造出作为报酬支付给自己的产品价值
部分即工资，通过无酬的剩余劳动创造出代表剩余价值的产品价
值部分，而这一部分后来又分为利润和地租。（第 46 卷第 945 页）
因此很明显，在一年所创造的产品价值中没有再生产出不变资
本部分的价值，因为工资只等于生产中预付的可变资本部分的价
值，地租和利润只等于剩余价值，即超过预付资本的总价值（等
于不变资本的价值加上可变资本的价值）而生产的价值余额。（第
46 卷第 945 页）

⑥⑨ 为了在收入即一年内创造的全部价值借以花费的那些产
品中保存不变部分的价值，并不需要任何追加劳动。但是，为了
补偿过去一年在价值和使用价值两方面消费的不变资本，当然需
要新的追加劳动。没有这种补偿，再生产就根本不可能继续进
行。（第 46 卷第 947 页）

⑥⑩ 总收益或总产品是再生产出来的全部产品。把固定资本中曾被使用但是没有消费掉的部分撇开不说，总收益或总产品的价值，等于预付的、并在生产中消费掉的资本即不变资本和可变资本的价值，加上分解为利润和地租的剩余价值。或者，如果我们不是考察单个资本的产品，而是考察社会总资本的产品，那么，总收益等于构成不变资本和可变资本的物质要素加上表现为利润和地租的那种剩余产品的物质要素。总收入是总生产中扣除了补偿预付的、并在生产中消费掉的不变资本的价值部分和由这个价值部分计量的产品部分以后，总产品所余下的价值部分和由这个价值部分计量的产品部分。因而，总收入等于工资（或预定要重新成为工人收入的产品部分）+利润+地租。但是，纯收入却是剩余价值，因而是剩余产品，这种剩余产品是扣除了工资以后所余下的、实际上也就是由资本实现的并与土地所有者瓜分的剩余价值和由这个剩余价值计量的剩余产品。（第46卷第951—952页）

⑥⑪ 由每年新追加的劳动新加进的价值，——从而，年产品中体现这个价值并且能够从总收益中取出和分离出来的部分，——分成三个部分，它们采取三种不同的收入形式，这些形式表明，这个价值的一部分属于或归于劳动力的所有者，另一部分属于或归于资本的所有者，第三部分属于或归于地产的所有者。因此，这就是分配的关系或形式，因为它们表示出新生产的总价值在不同生产要素的所有者中间进行分配的关系。（第46卷第993页）

工人的总劳动所创造的总价值等于总收入，它加上在生产中消费掉的不变资本的价值部分就是总收益。纯收入则是全部已实现的剩余价值⑥⑩。三位一体公式表明的是分配关系，而不是价值创造的关系⑥⑪。

在任何一个社会生产中都会产生两部分产品，即必要消费资料和剩余产品⑫。三位一体的公式是因为资本的存在而存在的⑬，但是，把资本、土地和劳动并列是不合适的。这是因为，资本只是生产资料在一定社会形态下所采取的形式，体现一种特殊的生产关系，这种生产关系具有一种独特的、历史的和暂时的性质⑭，而土地和劳动在物质形式上则是

⑫ 在任何一种社会生产（例如，自然发生的印度公社的社会生产，或秘鲁人的多半是人为发展起来的共产主义的社会生产）中，总是能够区分出劳动的两个部分，一个部分的产品直接由生产者及其家属用于个人的消费，另一个部分即始终是剩余劳动的那个部分的产品，总是用来满足一般的社会需要，而不问这种剩余产品怎样分配，也不问谁执行这种社会需要的代表的职能。在这里我们撇开用于生产消费的部分不说。（第 46 卷第 993—994 页）

⑬ 如果产品的一部分不转化为资本，它的另一部分就不会采取工资、利润和地租的形式。（第 46 卷第 995 页）

⑭ 资本主义生产方式是一种特殊的、具有独特历史规定性的生产方式；它和任何其他一定的生产方式一样，把社会生产力及其发展形式的一个既定的阶段作为自己的历史条件，而这个条件又是一个先行过程的历史结果和产物，并且是新的生产方式由以产生的既定基础；同这种独特的、历史地规定的生产方式相适应的生产关系，——即人们在他们的社会生活过程中、在他们的社会生活的生产中所处的各种关系，——具有一种独特的、历史的和暂时的性质。（第 46 卷第 994 页）

⑯ 在资本旁边，在一个生产要素的属于一定生产方式、属于社会生产过程一定历史形态的这个形式旁边，在一个与一定社会形式结合在一起、并且表现在这个社会形式上的生产要素旁边，一方面直接排上土地，另一方面直接排上劳动，即直接排上现实劳动过程的两个要素，而这二者在这种物质形式上，是一切生产方式共同具有的，是每一个生产过程的物质要素，而与生产过程的社会形式无关。（第46卷第924页）

⑯ 所谓的分配关系，是同生产过程的历史地规定的特殊社会形式，以及人们在他们的人类生活的再生产过程中相互所处的关系相适应的，并且是由这些形式和关系产生的。这些分配关系的历史性质就是生产关系的历史性质，分配关系不过表现生产关系的一个方面。（第46卷第999—1000页）

一切社会形态所共有的。⑯

分配关系本质上和生产关系是同一的⑯。资源配置中最重要的是生产条件的

分配⁶¹⁷。生产方式的当事人以及与之相应的各个阶级阶层⁶¹⁸都是一定的社会生产关

⑥⑰ 资本（以及资本作为自身的对立物而包括进来的土地所有权）本身已经以这样一种分配为前提：劳动者被剥夺了劳动条件，这些条件集中在少数个人手中，另外一些个人对土地拥有排他的所有权。（第 46 卷第 995 页）前面所说的分配关系，却是在生产关系本身内部由生产关系的一定当事人在同直接生产者的对立中所执行的那些特殊社会职能的基础。这种分配关系赋予生产条件本身及其代表以特殊的社会的质。它们决定着生产的全部性质和全部运动。（第 46 卷第 995 页）

⑥⑱ 单纯劳动力的所有者、资本的所有者和土地的所有者，——他们各自的收入源泉是工资、利润和地租，——也就是说，雇佣工人、资本家和土地所有者，形成建立在资本主义生产方式基础上的现代社会的三大阶级。在英国，现代社会的经济结构无疑已经达到最高度的、最典型的发展。但甚至在这里，这种阶级结构也还没有以纯粹的形式表现出来。在这里，一些中间的和过渡的阶层也到处使界限规定模糊起来（虽然这种情况在农村比在城市少得多）。（第 46 卷第 1001 页）

⑲ 这种生产方式的主要当事人，资本家和雇佣工人，本身不过是资本和雇佣劳动的体现者，人格化，是由社会生产过程加在个人身上的一定的社会性质，是这些一定的社会生产关系的产物。（第46卷第996页）

⑳ 就劳动过程只是人和自然之间的单纯过程来说，劳动过程的简单要素是这个过程的一切社会发展形式所共有的。但劳动过程的每个一定的历史形式，都会进一步发展这个过程的物质基础和社会形式。这个一定的历史形式达到一定的成熟阶段就会被抛弃，并让位给较高级的形式。分配关系，从而与之相适应的生产关系的一定的历史形式，同生产力，即生产能力及其要素的发展这两个方面之间的矛盾和对立一旦有了广度和深度，就表明这样的危机时刻已经到来。这时，在生产的物质发展和它的社会形式之间就发生冲突。（第46卷第1000页）

系的产物⑲。这些生产方式也就是劳动过程的每个一定的历史形式，在达到一定的成熟阶段后就会被抛弃，让位给较高级的形式⑳。历史没有终结，也不会终结。

注　释

第1讲

　　[1] 参见余斌：《微观经济学的对与错》，东方出版社 2017 年版。

第2讲

　　[1] 西方经济学认为，不同的使用价值（即效用）可以相互替代并比较量的多少，以便从效用的大小中直接抽象出价格的高低，从而撇开劳动价值论。但是，无论有多少锄头都不能代替瓦罐来烧水。

　　[2] 曾有官员声称，水价低于水的使用价值，所以要通过改革来提高水价，使其"回归"水的使用价值。这是陷入了西方经济学的效用价值论误区，把不能通约的使用价值与价值弄混淆了。

第3讲

　　[1] 在现实中，我们看到劳动生产力的提高带来生产总值的增加，似乎同一劳动时间内的价值量也增加了，这不过是各种因素特别是通货膨胀造成的错觉。

第4讲

　　[1] 这一块钱可以是一英镑、一美元、一人民币，等等。

第7讲

　　[1]"挣"字的偏旁是提手，表示挣钱是要付出劳动的。

［2］"赚"字的偏旁是贝，代表钱，因而赚钱就是以钱生钱。

［3］正确的说法是消费是有限的。

［4］从而他们认为，即便朱门酒肉臭、路有冻死骨，把富人多余的货币转交给穷人也不能改善社会的福利。

第8讲

［1］消除了这个前提，也就消灭了资本主义。

第12讲

［1］这个职能参与价值创造，但并不比熟练工人在同一时间内创造更多的价值。如果持续时间短，比如只是早上来安排一下工作而已，其创造的价值甚至比普通工人还少得多。

［2］所以西方经济学认定劳动为负效用，绝不承认"劳动最光荣"。

第14讲

［1］这也是一些人反对共同富裕哪怕是富裕程度差别很大的共同富裕的原因。

［2］这是科技被视为第一生产力的重要原因，也是西方经济学中全要素生产率的来源。

第16讲

［1］有人认为，出售国有企业本身与出售国有企业生产的商品的性质相同，都是正常的出售行为。但是，商品资本转化为货币资本即商品出售是商品资本的正常职能，而生产资本转化为货币即出售企业不是生产资本的正常职能。

第17讲

［1］倒买倒卖导致的额外运输并不追加价值。

［2］不仅资本主义无政府经济状态会出现这种失衡，在社会公有的生产中计划不当也会出现这种失衡。

［3］窖藏时间长的酒有更高的价格，不是因为有较多的价值，而是因为后文中才会提到的价值转形。

第19讲

[1] 工人的辛苦程度未必同样低。

[2] 孟子所说的适用于小生产的"有恒产者有恒心"，被今人用来鼓吹资本主义私有制，可他们却浑然忘记了资本主义企业只是资本家的恒产，而没有工人的恒产。

[3] 有人以此为据指责公有制企业有大量冗员，强调减员增效。

[4] 如果撇开资本关系，它就是产能过剩。

第20讲

[1] 这是萨缪尔森所说的加成定价法的由来。

[2] 正所谓"三年不开张，开张吃三年"。

第22讲

[1] 政策性的无息贷款除外。

[2] 1千克黄金按每年8%的利率进行复利，只需要742年，将超过整个地球的质量。

[3] 法国经济学家皮凯蒂在《21世纪资本论》中就犯了这个错误。

[4] 因此西方经济学把利息称为资本的机会成本。

第23讲

[1] 美国一边说黄金没有用，一边自己大量储备黄金并限制他国储备黄金。

[2] 西方经济学用信息不对称导致逆向选择和道德风险的说法，羞答答地承认了这个欺诈。

[3] 中国对美国的贸易顺差有多方面的原因，一是别国对美国的顺差转嫁给了中国，二是中国向美国支付利润，三是美国用本身没有价值的美元纸币套购中国的物资，但这些都与汇率无关。

[4] 东南亚金融危机时，美国金融大亨在中国香港大量借入港币并到货币市场抛售，迫使香港当局提高利息率以稳定港币币值，由此造成香港股市大跌，而同时卖空香港股市的美国金融大亨满载而归。

[5] 虚拟经济的过度发展制约了实体经济的发展。

第24讲

［1］西方经济学所谓的生产者剩余成了土地所有者的地租。

［2］西方经济学却认为，因为生产者和消费者众多，所以小麦市场是一个近似完全竞争的市场，其价格是非垄断的、自由竞争的价格。

第25讲

［1］由于股份公司的利润都算在股息（利息）里，所以，四位一体公式的问题比三位一体公式的还要大。

图书在版编目（CIP）数据

简读《资本论》/ 余斌著 . -- 北京：东方出版社 , 2025. 4. -- ISBN 978-7-
5207-3976-4

Ⅰ . A811.23

中国国家版本馆 CIP 数据核字第 2024V2V297 号

简读《资本论》
（ JIAN DU ZIBENLUN ）

作　　者：余　斌
责任编辑：袁　园
出　　版：东方出版社
发　　行：人民东方出版传媒有限公司
地　　址：北京市东城区朝阳门内大街 166 号
邮　　编：100010
印　　刷：华睿林（天津）印刷有限公司
版　　次：2025 年 4 月第 1 版
印　　次：2025 年 4 月第 1 次印刷
开　　本：660 毫米 ×960 毫米　1/16
印　　张：16.75
字　　数：185 千字
书　　号：ISBN 978-7-5207-3976-4
定　　价：65.00 元
发行电话：（010）85924663　85924644　85924641
